Editorial Ledoria

Desaforado amor por la palabra

CUATRO CALLES

Revista toledana de cultura para nuevos tiempos

Nº 33. SEGUNDO TRIMESTRE DE 2025

DIRECTOR Jesús Muñoz Romero

COLABORADORES

Ángel del Cerro

Antonio López Ballesteros

Isabel Villalta

José Luis Isabel

Mariano Martín Rodríguez

Miguel Larriba

Paco Maeso

Santiago Sastre

Ilustración de portada: *El puente de San Martín* (h 1910), de Ricardo Arredondo.

Ilustración de contraportada: *Ledoria 30 años* (2025), de Seruivo Cuticle Caticura

Diseño y maquetación:

Equipo de editorial Ledoria

I.S.B.N.: 978-84-19887-65-8

Depósito Legal: TO-181-2025

© De la edición: Editorial LEDORIA

* C/ Fuente del Moro, n. 6, Toledo

* C/ Conde de Casal, núm. 47

Las Ventas con Peña Aguilera (Toledo)

Teléfono: 925 25 13 81

Correo electrónico de contacto:

info@editorial-ledoria.com

Publicidad:

admin@editorial-ledoria.com

www.editorial-ledoria.com

SUMARIO Junio 2025

«Viaje a Toledo. Uno de los días más hermosos de mi vida. Cielo radiante. Toledo es como un cuento de hadas. Un pequeño jardín con una vista cerca de la Sinagoga. Una magnífica pintura de El Greco en una pequeña iglesia, entre las cosas más profundas que vi. Un día maravilloso».

Albert Einstein
Diario. (6 marzo 1923)

Excesos y rimbombancias sobre Toledo

MIGUEL LARRIBA

«**S**iempre fuisteis enig-
mático/ y epigramá-
tico y ático/ y gramá-
tico y simbólico,/ y
aunque os escucho flemático,/
sabed que a mí lo hiperbólico/
no me resulta simpático», le dice
Don Mendo a su amigo Moncada
en una escena de la divertidísi-
ma obra de Pedro Muñoz Seca,
La venganza de Don Mendo.

Dicho lo cual, si el eventual lector de este artículo se cree en
sintonía con la opinión del dispa-
ratado personaje, será mejor
que ponga punto final aquí a la
lectura. Pues de hipérboles (o
hipér-bolos, si se prefiere una
caricaturización toledana del tér-
mino) nos disponemos a hablar.
Es decir, de expresiones que, lle-
vadas al límite de la despropor-
ción y el exceso, se han aplicado
a la ciudad de Toledo a lo largo
del tiempo, dando lugar a un
muestrario ampuloso, florido y
rimbombante entre la exaltación
y la vergüenza ajena. Todo ello,

por supuesto, desde nuestra particular perspectiva actual, si bien
hemos de reconocer que en el
momento en que fueron acuña-
das, merecieron juicios bastante más favorables.

Pensándolo bien, si hay algún
lugar donde la exageración debe
de ser tenida por pecado venial,
ese es Toledo. De esta ciudad se
ha dicho y escrito tanto y desde
tantos puntos de vista, que poco
queda por decir, y acaso lo que
aún quede no sean sino nuevas
versiones de lo ya dicho. Porque,
¿cómo expresar con palabras lo
que la ciudad transmite a la mirada y, sobre todo, al espíritu de
quienes la contemplan entre la
incredulidad y la sorpresa?

«¡Qué feliz ser pintor!» excla-
mará, a mediados del siglo XIX,
la viajera francesa Joséphine de
Brinckmann al sentirse incapaz de
expresar por escrito lo que Toledo le transmite y que considera
más al alcance del artista plásti-
co. Pero hasta los pintores sin-

Genaro Perez Villaamil es el autor de este grabado, realizado hacia 1838, y que durante mucho tiempo circuló con el título de *La Puerta de Almería*, cuando es evidente que se trata de la toledana Puerta del Sol; eso sí, con un cuerpo añadido a la torre y un ambiente marinero de lo más surrealista.

tieron en muchas ocasiones que lo que la ciudad les mostraba a los ojos trascendía más allá de la simple plasmación paisajística o costumbrista, por muy perfecta que esta fuera, y necesitaron contravenir las normas académicas de su arte para intentar reflejar esa fascinación que la ciudad les transmitía.

En estas páginas se recogen también algunos ejemplos de ello como ilustraciones que, de alguna manera, sirven de complemento a los textos que se mencionan y que, en mucho mayor número, se han prodigado a lo largo de los siglos.

Porque Toledo se muestra inabarcable, indefinible. Por eso, quizá, con bastante frecuencia se ha recurrido a lo ampuloso, lo grandilocuente, como si retorciendo el lenguaje pudieran solventarse las carencias expresivas. Los ejemplos al respecto son incontables, de modo que aquí nos limitaremos a recoger una pequeñísima muestra.

La cosa viene de lejos. Recordemos que una antigua leyenda, repetida luego por innumerables autores, aseguraba que cuando Dios hizo el sol, el cuarto día de la Creación, decidió colocarlo justo encima de Toledo, por lo que la ciudad recibió así la primera luz que hubo en el mundo. Lo cual, como es lógico suponer, la convirtió en trono y centro de todo el orbe. A partir de aquí, todas las demás exageraciones nos parecerán pequeñas, mas no por ello desistiremos en nuestro empeño por reseñarlas.

Y ya que estamos en el principio de los tiempos, acaso consecuencia lógica de esta temprana primacía, a Toledo se la ha considerado marcada por las mejores influencias astrales. En la primera historia de Toledo, de 1554, su autor, Pedro de Alcocer, atribuye al célebre astrólogo, astrónomo y matemático griego Claudio Ptolomeo la primera carta astral de la ciudad, según la cual Toledo está «*sujeta al signo de Virgo, que es casa y exaltación del planeta Mercurio*». Esto, dicho así, puede parecer algo trivial, pero el mismo relevante científico colige que tal circunstancia imprime a sus ha-

Una antigua leyenda aseguraba que cuando Dios hizo el sol decidió colocarlo justo encima de Toledo, por lo que la ciudad recibió así la primera luz que hubo en el mundo.

bitantes unos valores muy dignos de exaltación, «*produciendo hombres en ciencias y excelentes y nobles naturalmente*». Influencia planetaria que, según Luis Hurtado de Toledo (1576), los hace también dados a «*inteligencias de tratos y mercaderías*». Esto, con el paso del tiempo, no sólo no se diluye sino que parece amplificarse, pues un par de siglos más tarde Sebastián de Miñano afirmará con la solvencia que le otorga su erudición y el hecho de haber vivido varios años entre nosotros, que «*el carácter de los toledanos no puede ser más noble, franco y generoso,*

sus disposiciones naturales para las artes y las ciencias útiles son tan aventajadas que, sin agravio de las demás provincias, se puede decir que Toledo era lo que Atenas en Grecia».

En 1605, Francisco de Pisa, en su *Descripción de la imperial ciudad...* no duda en atribuirle también el haber gozado de una especial protección por la misericordia divina que ha guardado a la ciudad «*de daños, peligros, terremotos e inundación de ríos, habiendo desde su principio permanecido sana y entera: obrando en ella menos las guerras, pestilencias y hambres que en*

Imagen parcial de la famosa *Vista de Toledo* del Greco, con la catedral «movida» de su emplazamiento. (Metropolitan Museum. Nueva York).

otras, siendo guardada de todo género de enfermedades aborrecibles y contagiosas».

Si alguna vez os habéis preguntado dónde estaba el paraíso terrenal, aquí tenéis la respuesta. Aunque la realidad histórica, ciertamente, nos lleve a contradecir lo afirmado por el digno historiador pues de inundaciones, guerras, pestilencias, hambres y otras desdichas, por aquí hemos andado sobrados.

Temiendo acaso que alguien acabaría diciendo esto, el padre Mariana, en 1601, abundó en las excelencias de Toledo tildándola de «luz y fortaleza» de toda España: «Fuerte por la naturaleza del sitio, excelente por la hermosura e ingenio de sus moradores, señalada por el culto de la religión y estudio de las ciencias, bienaventurada por el saludable cielo de que goza». Lo cual no nos atreveremos a discutir, viniendo, como vienen, estos elogios nada menos que de un talaverano.

La situación geográfica, prácticamente en el centro de la península, va a propiciar una de las imágenes más potentes y repetidas desde 1554, cuando Pedro de Alcocer publica su *Historia o descripción de la imperial ciudad de Toledo*, donde dice que su sitio «es muy conjunto al medio, o centro de las Españas, casi igualmente distante de su circunferencia. En las cuales hace semejantes efectos que el corazón en el cuerpo humano: al cual la Natura puso casi en el medio de él, dotándoles de grandes y magníficos privilegios, poniendo en él la fuente de la vida y el principio de los otros miembros».

Esa idea de Toledo como «corazón de España» es una de las que hará más fortuna, llegando hasta épocas contemporáneas y con muy especial asiento en el Siglo de Oro, en cuya literatura posiblemente no haya una ciudad que destaque más.

En su comedia *Origen, pérdida y restauración de la Virgen del Sagrario*, Calderón de la Barca le dedica estos versos: «*Que así como con armas o con fue-*

La idea de Toledo como «corazón de España» es una de las que hará más fortuna, llegando hasta épocas contemporáneas y con muy especial asiento en el Siglo de Oro.

go/ dando una herida a un cuerpo retraída/ la sangre que huye de ella, acude luego/ al corazón, que es centro de la vida:/ así, sintiendo España el golpe ciego/ de vuestra mano, huyendo de la herida/ su mejor sangre, acude a esta campaña,/ porque es Toledo el corazón de España».

La misma idea la va a recoger Lope de Vega en estas estrofas de su obra *Hijo por engaño*: «Toledo la inexpugnable,/ a quien tiene España en medio,/ haciendo en ella el oficio/ que el corazón en el cuerpo».

Esta simbología, entre geográfica y anatómica, alcanzará nuestra época contemporánea. «Toledo, vista en el mapa de España, figura el punto medio o centro de la península, casi equi-

«¡Salve oh ciudad santa!» hace exclamar Cervantes a uno de los personajes de su *Persiles* cuando pone la vista en Toledo.

distante de sus extremos. La Providencia sin duda la eligió desde un principio para que fuera por algún tiempo el alma, corazón y la cabeza de la monarquía», resaltará con orgullo Antonio Martín Gamero en su *Historia de Toledo*, de 1862, recogiendo una larga tradición de alusiones a la predilección de la divinidad por nuestra urbe. «¡Salve, oh ciudad santa!», hace exclamar Cervantes a uno de los

Como *Vista de Toledo* tituló el pintor francés André Maire este espectacular cuadro, en realidad una fusión entre Toledo y Ronda.

Toledo símbolo, impresionante cuadro de Guerrero Malagón donde la imagen de la ciudad aparece irreal pero perfectamente identificable, como centro de la provincia y sus gentes.

personajes de su *Persiles*, cuando pone la vista en la ciudad.

«*A ti, corona de España y luz de todo el mundo*», la evocará el comunero Padilla instantes antes de que el hacha del verdugo ponga fin a su vida y a sus sueños de libertad en Villalar.

«*—¿Qué ciudad es aquella que tan en punta parece que amenaza al cielo?*

—Será Toledo, que (...) aspira a taladrar las estrellas», dialogan dos personajes en *El Criticón* de Baltasar Gracián. Y Tirso de Molina, en sus *Cigarrales*, no se cortará un pelo al calificarla como «*emperatriz de Europa, Roma segunda y corazón de Es-*

paña». Lo cual no debe de parecerle suficiente, pues aún abunda en que «*la síncopa de Toledo, quitándole la sílaba de en medio, viene a ser 'todo', con tanta propiedad como pueden verificar sus ingenios, religión, hermosura, nobleza, hazañas, riqueza, clima, aguas y frutos. Pues hasta su río produce oro, sus montañas plata y sus fuentes jacintos*».

¡A ver quién da más!

Pues, sin ir más lejos, el poeta Espronceda, a quien lo de «*Emperatriz de Europa*» también debió de parecerle poco y decidió nombrarla «*reina de la tierra*». A fin de cuentas, ¿no quedamos

Como la Ciudad Eterna, se la supondrá construida sobre siete colinas, sin importar que aquí puedan contabilizarse algunas más.

en que Dios la había iluminado el primer día de la creación? Pues ¡qué menos!

¿Es posible subir el listón? Lo es. Será suficiente con recrearnos en la montuosa orografía que hace emerger la ciudad desde el lecho mismo del río que la circunda, para que Maurice Barrès sentencie: «*El enorme peñón que soporta una ciudad tan gloriosa, está magníficamente proporcionado para servir de montura a tal diamante*».

Incluso cuando Toledo se muestra abatida por los horrores de la guerra, la pobreza, la destrucción y el olvido, no faltará quien, como el francés Jean de Beauregard, ensalce sus «*magníficas ruinas*». Y quien achaque a la proverbial inquina y envidia extranjera, y al no menos injustificable abandono de sus propios hijos, el haber llegado al grado de postración en que llegó a verse: «*El portugués envidioso osó incendiar tu alcázar; el galo altivo puso fuego a tus monasterios y saqueó tus templos y palacios... y tus hijos, lejos de enjugar el llanto de tus ojos, au-*

mentaron tu amargura con su culpable desdén y su indiferencia», se lamentará el historiador José Amador de los Ríos en 1845. Y ya a las puertas del siglo XX, el Vizconde de Palazuelos hablará de la ciudad «*codiciada de los romanos, perla de los godos, encanto de los sarracenos, premio de los cristianos reconquistadores, orgullo del césar Carlos V, compendio y suma en fin en que se encierran por maravilloso modo las glorias históricas y artísticas de España*».

Su similitud con Roma será otra de las exageraciones que obtengan crédito entre los apologetas más entusiastas de todo tiempo y lugar. Como la Ciudad Eterna, se la supondrá construida sobre siete colinas, sin importar que aquí puedan contabilizarse algunas más. Poca cosa si atendemos a lo escrito, en 1654, por el Conde de Mora en su *Historia de la imperial, nobilísima, ínclita y esclarecida ciudad de Toledo* (título ya de por sí prometedor):

«*Lo que en Toledo se llama Barrio nuevo, es en Roma Vicus novus. Si en esta hay Zapatería y*

Chapinería, en aquella Sandalario. El Alfahar de Toledo es en Roma Vicus Floxinus. Las Tendillas de San Nicolás y Sancho Bienaya (de nuestra ciudad) llamadas antiguamente Sancho Bonagias, en Roma se llama Barrio de Taberneros. Si en una hay Barrio de Cuatro calles, en la otra le hubo de tres calles, que estaban en la sexta Región. Lo que en nuestra ciudad se llama Torrentero, que baja del Corral de las casas del Marqués de Montemayor, en la parroquia de San Nicolás, a la puerta de la Cruz, que ahora está poblado de casas, en la insigne Roma sea Libicus Publicus. Llámase en Toledo un Barrio del Arquillo, como se baja desde la plaza de Santo Tomé a San Juan de los Reyes, y en Roma hay otro llamado Arcus Bifrons. Si en una hay plaza mayor, en la otra Forum maius. Y el Alhóndiga de Toledo es Vicus Frumentarius en Roma. Y el Vicus Gorgonius de los romanos que era una cabeza llena de sierpes, en Toledo es calle llamada

Imagen visionaria de Toledo desde el Valle del pintor ruso Sergéi Rovinsky, quien vivió un tiempo en nuestra ciudad a comienzos del siglo XX. (Colección de grabados del Archivo Municipal de Toledo).

de la Sierpe. Y si tienen en su ciudad árbol santo, en la nuestra tenemos Alamillo de San Cristóbal, que en tiempo de la gentilidad estuvo consagrado a Hércules. Angi Portus de Roma, que es callejón sin salida, hartos hay en Toledo. Campo Marcio de Roma, también le hubo en Toledo, llamado ahora la Vega (campo bien dilatado, como se baja desde las puertas de Bisagra y el Cambrón al río), muy celebrada en todos tiempos de los poetas e historiadores. Y si la antigüedad no hubiera oscurecido la noticia, la hubiera mayor de otras cosas en que estas dos ciudades ha sido y son parecidas».

Pues menos mal que «la antigüedad» obró tal oscurecimiento pues, si no, a estas alturas estaríamos dudando entre dos copias monumentales.

Aunque es entre los literatos del siglo XIX donde encontramos algunos de los mejores ejemplos de exaltación de nuestra milenaria ciudad, los del XX tampoco les fueron a la zaga.

Claro que, hablando de copias, quizá el premio más extraordinario, por lo insólito, haya de otorgárselo al diplomático, político y escritor peruano Gabino Pacheco Zegarra quien, en 1923, tuvo, no sé si la osadía o el acierto, de comparar Toledo con la peruana Cuzco, en un elogioso librito versificado sobre nuestra ciudad donde, entre otras cosas, puede leerse:

«Al ver los muros gigantes,/ testigos de tus proezas,/ pensaba en las fortalezas/ de estos pueblos tan distantes./ Semejan tus viejas fincas,/ tus palacios, tus viviendas,/ portales, plazas y tiendas/ a la ciudad de los incas.// Tanta analogía extraña,/ en edad, timbres y gloria,/ bien pronto muestra en la historia/ que eres el Cuzco de España».

Reconociendo que al que suscribe le faltan elementos de juicio para pronunciarse al respecto, optemos por dejarlo ahí y continuemos por derroteros más próximos.

Recurramos de nuevo al Vizconde de Palazuelos, que en su *Guía artístico-plástica* de Toledo, de 1890, tampoco fue parco en ponderaciones: *«Ciudad cuarenta veces secular, segunda Roma, cuna de la civilización ibérica, cabeza durante siete centurias y sede religiosa hoy mismo de la mo-*

Interpretación de Toledo. Serigrafía de Gabriel Cruz Marcos.

narquía y de la iglesia española».

Y aunque es entre los literatos del siglo XIX donde encontramos algunos de los mejores ejemplos de exaltación de nuestra milenaria ciudad, los del XX tampoco les fueron a la zaga. Puestos a elegir uno verdaderamente representativo, nos decantamos por el toledano Emiliano Ramí-rez Ángel que en un artículo publicado en la revista *Toledo* de fecha 1 de junio de 1926, prácticamente acabó con todas las adjetivaciones, atributos y comparaciones posibles o, al menos, se empleó en ello a fondo. Vean si no:

«¡Toledo, hermana de Florencia, de Brujas, de Granada, de Siena, las ciudades prodigiosas donde el suspiro del hombre se

hace homenaje y su silencio exaltación! ¡Toledo, laberinto, cuna, joyero, panteón, pomo de fragancia, libro miniado, rosa abierta, jardín luminoso, rico ajimez de la Historia dorado por la puesta del Sol de Castilla, que todavía sigue brillando en él! ¡Toledo, todo gris y lóbrego para el que no sabe mirarte, para el que, por no tener amor, está ciego; mina de sol y de belleza para el que sabe llegar a él tembloroso de fiebre y de ilusión! Samaritana de los sedientos y Verónica de los crucificados es, y si alguien creyera que España ha muerto, ese alguien habría de elegirse como la más expresiva y rutilante lápida que rezase en defunción. Isla de belleza inmortal, sanatorio de almas laceradas por la impureza de esta edad. Toledo es una cumbre que parece una corona, es un resplandor sobre una colina. Aunque sus pulseras de granito se quiebren; aunque sus gradas de tierras vayan borrándose bajo el asalto incesante y cruel de los siglos; aunque en sus callejuelas, palacios y mezquitas su gloriosa voz se debilite en un suspiro, Toledo, la goda, la árabe, la castellana, siempre será señora. En lo alto está como un faro que guía y como una alerta que previene».

¡Ahí queda eso!

De cuantas atribuciones, cuando menos discutibles, referidas a Toledo, destaca también la que la considera «academia» de la lengua castellana por estimar que ésta se hablase por aquí con más perfección que en ninguna otra parte, al punto de haberlo refrendado así una antigua ley, según la cual, en caso de duda en la aplicación de algún vocablo, «se había de pasar por el lenguaje de Toledo», pues éste era «el más cortado y pulido que en lo castellano se habla».

Sobre este asunto dedicamos un amplio artículo en el número 17 de esta revista, por lo que a él remitimos a eventuales interesados, y desde aquí saltamos a otro tópico ampliamente divulgado, en esta ocasión referido al oro del Tajo.

Frecuentes serán las referencias al color amarillento de las aguas del Tajo, lo que llevará a algunos viajeros a afirmar convencidos de que transporta arenas auríferas.

Una visión imposible del Puente de Alcántara, producto de la imaginación del pintor romántico británico David Roberts.

Desde que en el siglo I a. de C. el poeta Cayo Valerio Catulo aludiera, en uno de sus poemas, al «*aurifer Tagus*», infinidad de escritores, poetas, historiadores y hasta algún geógrafo, mencionan las aguas de nuestro río como portadoras del preciado metal. Y ya puestos, ¿por qué no ampliar sus navegables riquezas?

«*Tajo, producidor del gran tesoro/ (si a la fama creemos), cuya arena/de zafiros y perlas está llena,/ tus aguas néctar, tus arenas oro*», cantará el poeta Bartolomé Leonardo de Argensola. Y como todo es susceptible de engrandecerse, como ya vamos viendo, su contemporáneo Tirso de Molina proclamará que «*hasta su río produce oro, sus montañas plata y sus fuentes jacintos*».

Frecuentes y numerosas serán también, durante los siglos XVIII y XIX, las referencias al color amarillento de las aguas del Tajo, lo que lleva a algunos viajeros, como el célebre aventurero Giacomo Casanova, a afirmar convencido que «*transporta arenas auríferas*».

Otra imagen imposible, con la puerta del Cambrón y San Juan de los Reyes desplazada de su lugar, esta vez nacida de los pinceles del alemán Friedrich Eibner, hacia 1861.

Por la misma época, el historiador Antonio Ponz, en su monumental *Viaje de España* afirma que había en Toledo personas a las que se conocía con el nombre de artesilleros, que después de las inundaciones del Tajo *«van a sus orillas con unas artesillas que llevan, cogen aquella arena inmediata y poniéndole agua la menean y vierten de manera que las cosas pesadas se queden, cuando las hay, en el fondo de sus artesillas, y con esta maniobra suelen encontrar lo que van buscando».*

Y añade: *«No sé que en todas las orillas del Tajo suceda esto, pero es constante que sucede en las del circuito de Toledo, donde por esta razón le compete muy bien a este río el nombre de aurífero, o que lleva oro, sin que por esto niegue las que los antiguos tuvieron para darle el mismo nombre por sus arenas».*

Dicho lo cual, solo le cabía concluir con un juicio salomónico:

«Yo creo que de las arenas de oro atribuidas a este río jamás se habrá podido juntar tanta proporción que bastase a comprar un par de pichones: sin embargo, algo será ello cuando todos lo dicen».

Pero del Tajo se han dicho tantas cosas que seguramente disputaría con la ciudad que circunda una reñida competición de epítetos a cuál más exaltado y pintoresco. No lo intentemos siquiera. Limitémonos a reseñar algunos de los más conocidos, desde las ninfas de cabellos de oro que lo habitaban, según consignó el poeta Garcilaso, hasta la corriente émula de *«la aorta por la que corre sangre mitad portuguesa y mitad española»*, en expresión más poética que científica del doctor Marañón, pasando por Ortega y Gasset que creía ver en el color rojizo del Tajo a la caída de la tarde, la sangre de los guerreros muertos en tantas batallas.

Toledo se afianzará aún más como cuna y esencia de la civilización hispana, cuando, tras la guerra civil, se imponga esta imagen por vía oficial, con la epopeya del alcázar como telón de fondo. *«Altar de la patria». «Síntesis de la vida española». Relicario donde se guarda mejor la gloria del pasado». «Hor-*

Del Tajo se han dicho tantas cosas que seguramente disputaría con la ciudad que circunda una reñida competición de epítetos a cuál más exaltado y pintoresco.

no donde se funden los más diversos materiales para dar origen al transparente cristal de la solera hispánica». «Alto e inexpugnable alcázar sobre un peñasco en forma de incensario donde el incienso se quema sobre brasas de corazones encendidos». «Torres y almenas destruidas que quedaban como muñones de una inmensa corona rota que, perdidos los rubíes de una sangre valerosa, quisiera engarzar un trozo de cielo»..., proclamará en cascada inagotable la legión de apologetas del régimen.

En este enredo semántico al que hemos llegado tras el sucinto repaso que vamos dando a nuestra antología de ampulosidades y rimbombancias, cumple hacer un breve peaje en la justificación que algunos confesaron en legítima defensa de sus excesos.

«*Estas piedras viejas tienen para mí el poder maravilloso del cáñamo índico*», confesará sin rubor Valle Inclán, consumidor habitual de marihuana, abriendo otro frente poco convencional: el que otorga propiedades alucinógenas a la ciudad varada en el tiempo. «*Desde todas partes y en todos sus puntos Toledo es alucinante y desmesurado*», confirmará el filósofo Ortega, que solo fumaba tabaco, y el poeta checo Reiner Maria Rilke, del que tampoco nos consta fuese consumidor habitual de sustancias psicotrópicas, necesitará elevarse hasta lo sobrenatural, cerrando así, de alguna manera, un círculo histórico: «*Toledo se alza a través de todas las dimensiones de lo visible, como una aparición que va desde la mirada del animal hasta la contemplación del ángel*».

Y es que, como bien dijo el historiador y pensador José Camón Aznar, «*esta ciudad vive en el sortilegio de un ambiente que sólo los poetas pueden captar y describir*». Quizá porque son ellos los que ven Toledo desde las alturas que era la posición que aquel navarro, toledano a su pesar, que se llamó Félix Urabayen dijo que siempre se contemplaba a Toledo, «*esa cimitarra gris que los árabes se dejaron olvidada entre la chilaba mugrienta que el Tajo arrulla con su eterno rezo*».

Desde las alturas la vio también Rafael Alberti: «*Toledo desde el aire es de ceniza, / polvo petrificado, / barro frío candente*».

Ni más ni menos. O todo ello, que ya es bastante.

Plaza de Zocodover: el racional significado de su nombre

ISABEL VILLALTA

Cuando paseo por Toledo, puedo cruzarme con grupos de turistas guiados por una persona experta en el inmeso patrimonio de la Ciudad Imperial, funcionaria del servicio de turismo. Hace poco tiempo, bajo una lluvia pertinaz que no retrae a casi nadie de los que allí llegamos, cobijados por paraguas o chubasqueros, bajo los soportales de la plaza de Zocodover, pude escuchar con la cercanía a la que nos obligaba el número de personas al cobijo, sin descortesía, las informaciones de una de esas profesionales de turismo a un atento grupo organizado. Desde ese punto neurálgico se disponían a emprender la ruta por la ciudad en cuanto el tiempo abriera un ojo de sol. La guía explicaba desde ese enclave, definiéndolo en primer lugar al tomarlo como punto de arranque del recorrido y nombrando a continuación cada hito toledano que ocuparía la ruta.

Zocodover, «*plaza de mercado de bestias*», dijo esta persona que significaba su nombre cuando en tiempos pasados «*tuvo el espacio esa función*». Me lo había comentado anteriormente un amigo también de filología, y no le cuadraba que '-ver' pudiera derivar a 'bestia, animal', y aún menos en plural. Tras la licenciatura y el doctorado, mi colega se especializó en otros campos y por eso, aunque desde la base del estudio evolutivo lingüístico le hacía dudar, no llegaba a alcanzar el verdadero significado de *Zocodover*.

Los topónimos son un grupo sustantivo de especial valor lingüístico porque, a diferencia de la lengua cotidiana que usamos para comunicarnos, con sus riesgos o fortuna de transformarse más o menos lentamente por diversos factores de contacto social, permanecen inalterados a lo largo de los milenios o, si se encuentran modificados —cuando no, en muchos casos, convertidos en otro nombre por cuestiones de cambios profundos de la Historia—, lo es por el uso popular de sus nombres una vez que, después del paso del tiempo y las generaciones, el pueblo común desconoce su verdadero significado, asociándolo con frecuencia a otro sentido. Es ahí donde entra en acción el trabajo de la ciencia etimológica, despejando componentes morfológicos y mostrando su estructura real y, con ello, su significado y valor.

Bien, pues el estudio que a continuación realiza esta buscadora de la etimología de los nombres de lugar desde la base científica, viene a aclarar la verdadera razón de este emblemático nombre de un lugar emblemático en la emblemática y encumbrada ciudad del Tajo, intentando, a la vez, no hacer complicado el análisis para el lector común, curioso por saber y conocer el significado correcto del nombre de esta plaza central. Lo hace también con mucho cariño a los guías de la ciudad Patrimonio de la Humanidad y que esta aclaración, esta realidad, la utilicen desde el estudio fiable debido, al emprender a partir de su lectura, con la bandera delante, su recorrido turístico.

De entrada, debemos señalar la obviedad que el común conoce de que decir «plaza de Zocodover» representa en lingüística una tautología o repetición del nombre, como ocurre con muchísimos otros topónimos (Montoro, Belmonte, río Sil..., éstos, cuestiones de otros estudios). Un *zoco* sabemos que es una *plaza de mercado* en lengua árabe. Estamos en la ciudad de las tres culturas y éstas han dejado su huella imborrable (sería de gravedad e ignorancia intentar limársela o eliminarla) en todos los frontales, espaldas, suelos o resquicios que forman su universal conglomerado. También, de inicio, señalar que el nombre está formado por un sintagma nominal cuyos componentes se hallan fusionados. Bien, de momento, ya conocemos la actividad que se desarrollaba muchos siglos atrás en ese enclave elevado de la ciuda-

Decir 'plaza de Zocodover' representa en lingüística una tautología o repetición del nombre.

dela toledana. Vayamos a desglosar los componentes del núcleo nominal: dónde, en qué espacio geográfico concreto se encontraba el sitio, mercado o plaza. Los vecinos de Toledo y toda persona que visite la ciudad irrenunciable lo saben. Para llegar a él, a ese corazón urbano poblado y ensanchado desde los primeros asentamientos humanos (remítase al menos a la Edad del Bronce), ahora y desde hace muchas décadas rodeado de edificios adaptados a los tiempos presentes, este es el adverbio de lugar, *do, donde*, o la forma preposicional seguida del artículo neutro *lo, de lo,* que se presenta en forma de contracción del

castellano medieval. Se empleaba en ese periodo de la evolución histórica del español, no solo en la lengua cotidiana de comunicación, sino en las narraciones en romance o en relatos y leyendas. Es en algunas de estas publicaciones donde vamos a ver unas muestras que confirman su uso. Podemos hacerlo en unas estrofas contenidas en *El Romancero anónimo* de los siglos XI y XII, por ejemplo en el romance de Fontefrida. Dice así: «*Fontefrida, fontefrida,/ fontefrida y con amor,/ do todas las avecicas…*»; o en el romance de Moriana: «*y mandó que sus porteros/ allí do viera a su esposo*». Aportamos también *Las Serrani-*

llas del Marqués de Santillana, de la primera mitad del siglo XV, por ejemplo en *La vaquera de la Finojosa*: «*do vi la vaquera de la finojosa*»; *donde*, lugar en el que el caballero juglar indica que se encuentra el motivo que describe en su romance. Aún traeremos un testimonio más antiguo de los numerosos contenidos en la obra *Libro del caballero Zifar*, publicación, como las anteriores, editada en su pureza de lengua de la época, salpicada constantemente de formas arcaicas del castellano medieval; entre ellas, el *do* que corroboramos en este análisis. Esta es una muestra: «*Las dueñas, estando en derredor de su señora llorando e faziendo grant llanto, oyeron una bos en la capiella do estaba su señora...*». Podemos observar que, de una parte, se trata de la señalada contracción del adverbio de lugar *donde*, pero también lo puede ser, como se adelanta, de la preposición *de* más el artículo neutro *lo* (que deriva del mismo latino), *de lo* (<*do*). El artículo *lo* tiene la particularidad de no ir seguido de sustantivos, ya que no existen nombres neutros. Sin embargo, constituye un elemento sustantivador seguido de un adjetivo (o de una forma verbal: «lo hecho, hecho está»; «lo comido por

Sabemos el significado de los elementos 'zoco' y 'do', plaza o mercado de lo, o plaza o mercado donde.

servido»). Veamos cómo lo puede hacer con un adjetivo en nuestro topónimo *Zocodover*: *Zoco* (plaza, mercado) *de lo* (<do), o en sentido sinónimo, *donde* (<*do*). En nuestro caso en cuestión podemos dar por válidas tanto la forma adverbial, *donde*, como la preposicional, *de lo*, con el artículo *lo* que viene a sustantivar la palabra adjetiva siguiente, *ver*.

¿Y cuál es el significado de este «adjetivo» desconocido por el común no especializado? Es ahora cuando la etimología despeja la clave. La raíz etimológica *ver* puede ser tanto forma nominal absoluta como derivada adjetival, que se sustantiviza precedida de *lo*, contraído en la arcaica *do* con la preposición *de* que se ditúa delante. Pues bien, ya sabemos el significado de los elementos ZOCO y DO, 'plaza o mercado de lo' o 'plaza o mercado donde'.

Vayamos con el elemento componente que desconcierta. VER,

ya nos lo podemos imaginar por cuanto traemos adelantado acerca de la ubicación del mercado, significa 'altura, elevación, punto cumbre de un monte'. Su origen es celta. Es forma etimológica para nombrar este tipo de relieves del terreno. El celta se comunicó con las diversas lenguas indoeuropeas que se desarrollaron hace entre 10.000 y 12.000 años. Éstas se fueron ramificando en otras evolucionadas o, de su léxico, se conservan en las lenguas actuales, como el español, substratos o superestratos, bien en una sola palabra (del celta que nos ocupa: *abedul, baranda, gancho, légamo, páramo, tarugo, barro...*) o bien como elemento componente de otras nuevas, con la mayor frecuencia derivadas o evolucionadas del latín, conformando su corpus nominal y adjetival, de los que veremos una muestra con *ver*, o se conservan como en este caso en la toponimia. *Ver* como 'orilla alta, elevación del terreno, altitud'. De su foma nominal, tal como con otros grupos etimológicos, derivan en español las adjetivales *alto, arriba*. Si a *alto* o *arriba* se les antepone el artículo neutro *lo*, el adjetivo se sustantiviza: *lo alto*; con preposición, *de lo alto, de arriba* (<donde <do) (notemos que hoy todavía perduran formas de expresión, ya incorrectas, como «voy donde mis amigos» para indicar «a casa de mis amigos»). Entonces, este es el significado de *Zocodover*: 'zoco/plaza/mercado de lo alto'

o 'zoco/plaza/mercado de arriba'. Más sencillo en la actualidad, con un adjetivo preposicional: 'Plaza de arriba', 'Plaza de lo alto'. *Plaza de Zocodover* de la mole rocosa que es Toledo.

Hemos de advertir que, geográfica o urbanísticamente, con la especificación adjetival se pretendía diferenciar, a la vez, este lugar, *Zocodover*, de otros zocos o mercados que hubiera en otras áreas en ladera o a los pies de la portentosa elevación rocosa, éste, significado del nombre de lugar o topónimo TOLEDO, entornada por el río Tajo que discurre a somonte. El *zoco* o *plaza* en el Toledo musulmán, que convivía con vecinos judíos y cristianos (todo un noble y fecundo desenvolvimiento social de la integración de culturas, durara lo que durase, pues así somos la piña con frecuencia dañina humana), donde se vendían, seguro, no solo animales, como mulos o burros, sino también hortalizas, perdices o conejos recién cazados, espárragos, vasijas alfareras, adornos de orfebrería, tejidos de lana o seda, perfumes de espliego o de lavanda, pliegos de cordel..., aunque la venta no coincidiera en el mismo día de la semana. Pero el lugar estaba en 'lo alto', era la *plaza de arriba*, el *zoco de lo alto* en Toledo.

La raiz etimológica comparada

La etimología comparada despeja dudas o esclarece enseñanzas, ya que muestra ejemplos territoriales cuyo relieve o composición del lugar que designa el topónimo es semejante al estudiado. En *ver* podemos apreciar su presencia inalterada en múltiples nombres de lugar o puede aparecer con variante. Estos nombres, como la inmensa mayoría de los topónimos, si no de forma prístina, también se han fijado en la escritura con diversas alteraciones de los componentes morfológicos, pero quedando visible la raíz y, por supuesto, abrigando el mismo significado. Veamos topónimos con la raíz *ver* que tenemos en análisis: *Cordillera Verjoyansk* (cadena montañosa de Rusia), *Cerro Mondúver* (Valencia), Verona (Italia) 'orilla alta del río' (*ona* significa 'río, fuente de agua'. Cfr. Carmona 'elevación rocosa' (*car-* < *kar-*) a los pies de pasos de agua, el río Guadalquivir y los afluen-

> **El lugar estaba en 'lo alto', era la plaza de arriba, el zoco de lo alto en Toledo.**

tes Carbones y Guadaira, nombre de lugar donde se interpone el elemento átono (sin significado) -m- (Car (m) ona), pero donde no lo ha hecho en el topónimo hidronímico Garona, el río que nace en la cara norte de los Pirineos y pasa por la ciudad de Budeos; también, río Oña (<onna), en Gerona (Girona), donde, del mismo modo, decir *ona* y *río* tiene el mismo significado, y donde solo se ha modificado la

n geminada por la *ñ,* cuando en fonética ésta palatalizó (la vírgula de la *ñ* es la segunda *n,* cuando se colocaba arriba de la primera para aprovechar la extensión del papel disponible al escribir). La ciudad italiana de Verona se encuentra en la orilla del río Adigio, lógicamente en la 'altura' orográfica. Entre tantos más en trabajo comparado, otros topónimos son los numerosos Vera (éstos con -a paragógica o sufijal), nombre de localidades en las provincias de Pontevedra, Córdoba, Granada o Almería) o, seguidos de otro nombre que sitúa, con función adjetival, objetivamente la población que nombra, como Vera de Bidasoa (Navarra), Vera del Jerte (Cáceres), Vera de la Antigua (Ciudad Real) o Vera de Moncayo (Zaragoza). También, Vérogne, Veronne 'orilla alta del río', Verdonnelle o Verdún (Francia); Verrone (en el Piamonte italiano), Vergós (Lérida) o Vergaño (localidad y pedanía de Palencia). Con variante *b,* la ciudad de Berna, enclave geográfico en altura paralelo a Toledo, donde la urbe suiza está encumbrada en una mole montuosa rodeada por el río Aar, afluente del Rin. Del mismo modo, Berlín ('terreno elevado' donde la ciudad está construida en medio de un extenso cinturón de lagos rodeados de bosques, formados por los ríos Dahme y Havel. Otra variante de *ver* es el también celta Baria, el cual pervive en el topónimo de la región portuguesa de Beira, dividida en dos (Beira Alta y Beira Baixa). Igualmente se encuentra en el apelativo portugués *beira* 'orilla'. En español tenemos la expresión «a la vera del río», «a la vera del camino».

Nombres comunes derivados de *ver* son, entre muchos otros, *verja* 'puerta alta', *vergüenza* 'subida del rubor', *envergadura* 'cuestión de alto acometido', *vertiente* 'derrame del terreno y de las precipitaciones', *vergante* 'pillo, que mira desde una altura sigilosa situaciones en las que medrar' o *averiguar* 'posicionarse para ver desde una altura real o imaginaria algún objetivo'. Como caso curioso aportar *caverna*, formación nominal que indica 'abultamiento del terreno' (ka- 'roca'; -ver- 'elevación'; -n a complemento sufijal) pero que dio nombre por metonimia a la cavidad o gruta de su interior hueco (el que servía de abrigo a la población prehistórica, oquedades que se pueden encontrar también en el formidable volumen orográfico de Toledo).

Zocodover es, de este modo, un topónimo híbrido en el que se combinan, por su orden de aparición, una forma etimológica árabe, *zoco*, un elemento gramatical en contracción morfológica del castellano mozárabe, *do*, y, por último, una forma etimológica adjetival del antiguo celta, *ver*. *Zocodover*: Plaza o Mercado de arriba.

● ● ●

Un golpe de estado resuelto en Montalbán y el inicio de la guerra civil (la de 1420)

ÁNGEL DEL CERRO DEL VALLE

A principios del siglo XV, consolidada la dinastía Trastámara en Castilla, Enrique III el Doliente murió en Toledo en la Navidad de 1406. Dejaba como heredero a su hijo Juan II, que no había cumplido todavía dos años de edad. Durante su minoría, la regencia del reino quedaba a cargo de su madre, Catalina de Lancaster, y su tío Fernando de Antequera, quien poco después se convertiría en el primer rey de la casa de Trastámara, en Aragón.

Enrique III había conseguido imponer el poder de la corona sobre las desmedidas ambiciones de la nobleza castellana y trató de mantener en su testamento el equilibrio entre las diferentes facciones. Su hermano Fernando era, posiblemente, el noble más poderoso del reino, tanto por sus propios dominios como por los de su mujer, Leonor de Alburquerque, conocida como la *rica hembra*. Era duque de Peñafiel y señor de Lara; controlaba algunos de los puntos esenciales en la economía del reino como Medina del Campo, Olmedo, Cuéllar, Villalón, Castrojeriz o San Esteban de Gormaz. Y, por matrimonio, dominaba los territorios de Haro, Alburquerque, Medellín y Alconchel. Así, controlaba una franja que, desde la frontera de Aragón a la frontera de Portugal, dividía en dos el reino de Castilla.

Su poderío económico y territorial, y la importancia de algunas victorias frente a los musulmanes, le hicieron acreedor a un prestigio que resultó decisivo cuando, a la muerte sin descendencia de Martín el Humano de Aragón, el compromiso de Caspe le convirtió en rey de Aragón, en 1412.

Fernando aprovechó la regencia de Castilla y, más tarde, el trono de Aragón, para beneficiar

Juan II de Castilla. Cuadro de Jiménez de Losada, hacia 1894.

a su familia, de manera que al nuevo rey le fuera imposible gobernar sin contar con el apoyo de sus hijos. Alfonso, el futuro Magnánimo, heredó la corona de Aragón; Juan heredó los dominios castellanos, el ducado de Peñafiel y el señorío de Lara y, además, al casar con Blanca, se convirtió años después en rey de Navarra; Sancho obtuvo el maestrazgo de la orden de Alcántara y Enrique el de la orden de Santiago; sus hijas fueron reinas por matrimonio: María, de Castilla, y Leonor, de Portugal.

En torno a ellos se aglutinó lo que se ha dado en llamar un «partido aragonés» que, a partir del acceso de Fernando al trono, empezó a ser visto en algunos sectores de la nobleza castellana como un partido «extranjero». Cuando Fernando murió, el 1 de abril de 1416, la alianza de sus hijos Enrique y Juan les hubiera permitido tener el control completo del gobierno en Castilla. Pero no ocurrió así. Los dos hermanos se disputaron el poder, encabezando Enrique la facción más poderosa, en la que se integraban el almirante Alfonso Enríquez, el condestable Ruy López Dávalos, el adelantado mayor de León Pedro Manrique y el arcediano de Guadalajara Gutierre Gómez de Toledo.

Frente a ellos, el arzobispo de Toledo, Sancho de Rojas, maniobró en un primer momento para que, cumpliendo el testamento de Enrique III, Juan II, entonces de 11 años de edad, quedara en manos de Juan Fernández de Velasco y Diego López de Stúñiga. Muertos ambos, así como la reina Catalina de Lancaster, desde 1417 el primado toledano formó en el partido que apoyaba al infante Juan de Aragón. Con él, Fadrique, conde de Trastámara, el adelantado mayor de Castilla Diego Gómez de Sandoval y el mayordomo mayor Juan Hurtado de Mendoza, tío de don Álvaro de Luna que, a sus treinta años, era el consejero más decisivo e influyente del joven rey.

El 7 de marzo de 1419, con 14 años de edad, Juan II fue jurado como rey en las Cortes de Ma-

El arzobispo de Toledo, Sancho de Rojas, maniobró para que Juan II, entonces de 11 años de edad, quedara en manos de Juan Fernández de Velasco y Diego López de Stúñiga.

drid. Cinco meses antes se había casado en Medina del Campo con María de Aragón, de 15 años de edad, hija de Fernando de Antequera. A su vez, el infante Enrique pretendía casarse con la infanta Catalina, hermana mayor de Juan II, para asegurar así la preeminencia de la rama aragonesa de los Trastámara en Castilla. Al mismo tiempo, a lo largo de 1419, el infante fue moviendo sus peones para alejar a su hermano Juan y no tardó en encontrar una ocasión propicia: la boda de éste con Blanca de Navarra, que le convertía en heredero de dicho reino. La boda se celebró el 10 de julio de 1420 y ese momento fue el elegido por Enrique para intentar hacerse con el poder en Castilla, recurriendo a la fuerza.

A mediados de junio se habían reunido las Cortes en Valladolid, que se trasladaron a Tordesillas, donde se disolvieron a principios de julio. El domingo 14 de julio, el infante Enrique de Aragón perpetró su golpe de estado, que las crónicas y los historiadores bautizaron como golpe o atraco de Tordesillas.

Cuenta la crónica que el infante don Enrique reunió hasta trescientos hombres de armas que ocuparon Tordesillas al amanecer del domingo. El infante, con el adelantado de León, el condestable de Castilla y otros caballeros, entraron en palacio. Pero Niño detuvo a Juan Hurtado de Mendoza que, en ese momento, dormía en su cámara junto a su mujer, y tuvo que reprimir su intento de desnudar la espada.

Y esto hecho, el infante, Ruy López Dávalos, Garci Fernández Manrique, el adelantado Pero Manrique y el obispo de Segovia, se fueron para la cámara del rey, cuya puerta había dejado abierta Sancho de Hervás. Cuando entraron, hallaron al rey durmiendo y, a sus pies, Álvaro de Luna, pues era habitual que un hombre de confianza guardase el sueño de su señor. El infante dijo al rey que se levantase y éste le pidió explicaciones, a lo que contestó: «*Señor, yo soy aquí venido por vuestro servicio, e por echar e arredrar de vuestra casa algunas personas que hacen cosas feas e deshonestas e mucho*

> **El domingo 14 de julio, el infante Enrique de Aragón perpetró su golpe de estado que las crónicas bautizaron como golpe o atraco de Tordesillas.**

Tordesillas en el siglo XVI. Grabado de Anton van den Wyngaerde.

contra *vuestro servicio, e por vos sacar de la subjeción en que estáis; e por esto, Señor, he hecho estar detenidos en vuestro palacio a Juan Hurtado de Mendoza, e a Mendoza, su sobrino, de lo cual haré más larga relación á Vuestra Merced de que se levante».*

Después hablaron el condestable y el obispo de Segovia, quejándose del mal gobierno que creían que se estaba haciendo hasta ese momento, y acusando a Juan Hurtado de dejar la gobernación a don Abrahen Bienvenisto (Abraham Benveniste). De este personaje se poseen escasas referencias biográficas, aunque, según la Real Academia de la Historia, se sabe que fue rabino, juez, repartidor de impuestos, dotado de autoridad, sobre todos los judíos de Castilla, y muy activo en la corte. Participó posteriormente en la redacción de las Ordenanzas de Valladolid del año 1432, conocidas como las «*Tacanot de Valladolid*», que fueron establecidas por los dirigentes de las aljamas castellanas, bajo su dirección, con el fin de crear un marco legal y social en el que reconstruir la vida judía tras el pogromo antisemita de 1391.

Para tener al monarca controlado, se encomendó a varios caballeros que durmiesen en palacio de continuo y se ordenó el alejamiento de los dignatarios que se habían ocupado del gobierno hasta ese momento.

Para tener al monarca controlado, se encomendó a varios caballeros que durmiesen en palacio de continuo y se ordenó el alejamiento de los dignatarios que se habían ocupado del gobierno hasta ese momento. Pero el infante don Enrique cometió el error de permitir que don Álvaro de Luna se quedara junto al rey; tratando de atraerle a su bando, se le incorporó al Consejo del Rey y se le asignó un salario de cien mil maravedís anuales.

Los sucesos de los casi cinco meses siguientes fueron recogidos por la *Crónica de Juan II*, a veces con gran minuciosidad. Desde el primer momento, don Enrique trató de legitimar la acción que había emprendido e hizo firmar a Juan II una carta aceptando los hechos, que fue distribuida por todo el reino.

Ante el temor de que su hermano Juan, el otro gran pretendiente a controlar el gobierno en Castilla, pudiera desbaratar sus planes, trató de tomar el alcázar de Segovia, pero fracasó en el intento. Don Enrique hizo trasladar entonces la corte a Ávila y, con motivo de las velaciones matrimoniales de Juan II y su hermana María de Aragón, convocó cortes para ratificar su autoridad. Mientras, el infante don Juan iba acumulando tropas, amenazando con poner fin a la situación por la vía de las armas.

La mediación de Leonor de Aragón, madre de ambos infantes, permitió alcanzar una tregua temporal. Ambas partes se comprometieron a disolver sus tropas, si bien don Enrique pudo conservar mil lanzas para, en teoría, la guarda del rey. A mediados de noviembre de 1420, el infante hizo trasladar al rey desde Ávila a Talavera, donde se casó con Catalina, hermana de Juan II. Era una boda deseada por don Enrique y no tanto por Catalina, que se había negado a ello con insistencia, por lo que no dejó de sorprender a muchos en la corte.

Seguramente, Talavera no iba a ser sino una etapa en una marcha que tenía como objetivo alcanzar el territorio más al sur, controlado por la Orden de Santiago, de la que don Enrique era maestre, donde se haría fuerte. Pero lo cierto es que la estancia se demoró, acaso por las abundantes lluvias que en esos días afectaron a la región e hicieron impracticables muchos caminos. De hecho, consta que Talavera estaba embarrada en esos días.

Para entonces, ya se habían producido disensiones en el bando golpista pero, sobre todo, el rey tenía el firme propósito de escapar de las garras de su presunto protector. De hecho, ya en el viaje de Ávila a Talavera, don Álvaro de Luna había evitado una huida precipitada a través del monte. Pero ya en Talavera, el rey era consciente de que, si seguían marchando hacia el sur, su captor se haría cada vez más poderoso y no habría remedio para su situación.

Durante los meses de gobierno del infante don Enrique, don Álvaro había sabido maniobrar en aguas procelosas. Fernán Pérez de Guzmán escribió de él que era *«muy discreto, e gran disimulador, fengido e cauteloso, y que*

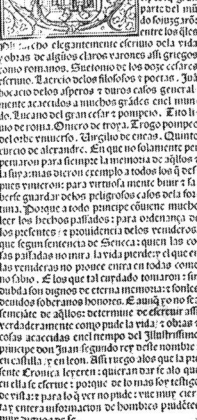

Crónica de Juan II.

Cuatro calles

mucho se deleytaba usar de tales artes y cautelas, ansi que parece que lo había a natura». Don Álvaro cultivó la amistad con importantes nobles del partido contrario para atraerlos y no dudó en aceptar el matrimonio de don Enrique con la hermana del rey para garantizar la seguridad de Juan II. Dos de esos nobles fueron el conde don Fadrique de Trastámara y el conde de Benavente, don Rodrigo Alfonso Pimentel, ya de por sí descontentos con el cariz que habían tomado los acontecimientos.

Entonces habló Juan II con Álvaro de Luna y entre ambos tramaron el plan de huida. El consejero regio sabía que la rutina llevaría al relajamiento, y así planeó que el rey iría a cazar prácticamente todos los días, para no despertar sospechas el día en que realmente se diera a la fuga. Lo

El consejero regio sabía que la rutina llevaría al relajamiento, y así planeó que el rey iría a cazar prácticamente todos los días, para no despertar sospechas el día en que realmente se diera a la fuga.

cuenta la crónica del halconero Pedro Carrillo; se había dispuesto que para la guarda del rey hubiese doscientos hombres de armas que cabalgaban con él. En consecuencia, se acordó que el rey saldría a cazar cada día dos veces: *«E tanto fue el seguir de la caça, que los doçientos hombres que heran de armas tornáronse en çiento, e de çiento en çinquenta, e de çinquenta en non ninguno; tanto que fué a caça el Rey bien çinco o seys días e no fue guarda ninguna con él».*

El viernes 29 de noviembre, con pretexto de cazar, después de oír misa, salieron de Talavera el rey, don Álvaro de Luna, su cuñado Pedro Portocarrero, Garci Álvarez de Toledo, señor de Oropesa, el hermano de éste, Diego López de Ayala, Pedro Suárez de Toledo, el halconero mayor Pedro Carrillo, un escudero llamado Ramiro de Tamayo y Juan Yáñez el Tuerto. A una legua cruzaron el puente de madera sobre el río Alberche, donde el halconero dice que se les unió el conde de Benavente, que llevaba cincuenta hombres de armas. Y cabalgaron hacia el castillo de Villalba, que era de Diego López de Ayala y estaba a cuatro leguas de Talavera, donde llegaron dos horas después.

Estado actual del castillo de Villalba. (Foto: Asociación de Amigos de los Castillos).

Este castillo parece que fue construido por los musulmanes, probablemente entre los siglos XI y XII, sobre los restos de una antigua fortaleza romana en la vía que unía Toledo con Mérida por la orilla izquierda del río Tajo. Posteriormente, pasó a pertenecer a la orden del Temple y dependió de la encomienda de Montalbán. Según Alfonso Franco Silva, a partir de documentación obrante en el archivo de los duques de Frías, Elvira de Ayala, en compañía de su esposo Fernán Álvarez de Toledo y Loaysa, segundo señor de Oropesa, adquirió el señorío de Cebolla y el Castillo de Villalba. Tras la muerte de su marido, Elvira mantuvo esas propiedades y, a su muerte, en 1411, se las dejó a su segundo hijo, Juan Álvarez de Toledo, maestrescuela de la catedral de Toledo. No obstante, la administración efectiva del señorío fue ejercida por su hermano Diego López de Ayala II que en ese momento cabalgaba junto a Juan II.

Según la descripción que de sus ruinas hacía el conde de Cedillo en 1909, el castillo se asentaba en un cerro accesible, a una legua al sur de Cebolla. La planta era casi rectangular y los muros fabricados con grandes cantos rodados y mortero de cal. No ha-

Cuatro calles

El rey pasó la barca de Malpica junto con Álvaro de Luna y otros caballeros, y también con su caballo, llamado *Salvador*. Y ello con gran peligro, pues el río venía muy crecido.

bía foso y el interior era accesible por dos arcos de medio punto en las fachadas noroeste y suroeste.

El infante don Enrique tuvo conocimiento de la huida del rey mientras oía misa y ordenó a sus partidarios que se armasen y preparasen los caballos, porque quería perseguirlo. Mientras se armaba el infante, vinieron la reina y la infanta doña Catalina «*a muy gran priesa, a pie por los lodos, desacompañadas e mal vestidas*» y le rogaron que no saliera tras el rey porque se oían rumores de que el infante don Juan estaba con mucha gente cerca de la villa, si bien esos rumores no eran ciertos.

El infante y sus principales banderizos reunieron una tropa de más de quinientos hombres y tomaron el camino del puente sobre el Alberche. Allí supieron que el rey iba deprisa y con poca gen-te, por lo que se decidió que el infante volvería a Talavera mientras sus tropas tratarían de alcanzar al rey. También se acordó que el comendador de Otos se fuese para Toledo y se apoderase de la ciudad, por si el rey iba para allá. Pero López de Ayala, alcalde mayor, y Pero Carrillo, alguacil mayor, escribieron a sus tenientes que guardasen bien las puertas que por ellos tenían, y especialmente el puente de Alcántara que tenía Pero López, para que no pasase nadie, salvo los que fuesen de la parte del infante don Enrique.

A todo esto, dado que el castillo de Villalba no ofrecía condiciones adecuadas para una defensa, el rey determinó de partir a otro lugar y Ramiro de Tamayo, que conocía bien aquella comarca, propuso ir a Montalbán, a cuatro leguas de allí, en la otra orilla del rio donde había una buena fortaleza que era de la reina doña Leonor de Aragón. Así lo hicieron y el rey pasó la barca de Malpica junto con Álvaro de Luna y otros caballeros, y también con su caballo, llamado *Salvador*. Y ello con gran peligro, pues el rio venía muy crecido por haber llovido en ese tiempo como no se recordaba en los últimos cincuenta años.

Desde la barca, el rey fue a pie

hasta el castillo de Malpica, que era de Perafán de Ribera, adelantado mayor de Andalucía, y esperó allí hasta que pasasen los otros que habían quedado en el río.

Las crónicas nada dicen sobre las condiciones defensivas de este castillo. Parece que se construyó sobre una primitiva fortaleza árabe del siglo X. En 1307 pertenecía a Fernán Gómez, Camarero del Rey. Su nieto, Diego Gómez de Toledo, notario mayor del reino durante los reinados de Pedro I y Enrique II y alcalde mayor de Toledo, recibió el castillo como una donación del rey Pedro I de Castilla en el siglo XIV, y cuando murió, pasó a su hija Aldonza de Ayala, que casó con el adelantado Perafán de Ribera.

El conde de Cedillo lo describía así a principios del siglo XX: «*La planta es cuadrilonga y la disposición muy regular. Forman el castillo cuatro espesas cortinas con torres cuadradas y algo avanzadas en las esquinas y macizas interiormente. La cortina del suroeste queda interrumpida para hacer lugar a la también cuadrilonga torre mayor o del homenaje o «torre Hueca» (porque*

Castillo de Malpica en 1914. (Archivo Histórico de Guadalajara).

Cuatro calles

lo es, en efecto, a diferencia de sus compañeras), que se destaca de la línea más que las otras. Defiende a esta fábrica un foso limitado en los tres lados no correspondientes al río por sendos contramuros que forman barbacana. En el aparejo domina el ladrillo, pero los muros están rellenos de tierra, apiñada hoy en durísimo núcleo. Tanto las cinco torres como las cortinas interiores y exteriores van provistas de merlones prismático-cuadrangulares con piramidión, siendo aproximadamente igual los voladizos que dos matacanes con ménsulas de piedra, puestos en lo alto de la cortina del noreste, que corresponde al río y en la contrapuesta torre del homenaje, respectivamente. En ésta y en el adarve consérvanse algunos arcos apuntados que realzan el carácter de la fuerte fábrica.»

Los fugitivos no se plantearon refugiarse allí. Del castillo salieron seis hombres a caballo y el rey les mandó que diesen los caballos a los que con él iban. Des-

pués ordenó a Diego López de Ayala y a Pero Carrillo de Huete ir delante para tomar la puerta del castillo de Montalbán. Era ésta una fortaleza que todavía hoy resulta imponente. Existen numerosos textos relativos a esta pieza del patrimonio histórico y monumental de la provincia de Toledo (particularmente, a efectos divulgativos, el incluido en sanmartindemontalban.com), por lo que me limitaré a reseñar aquí sólo algunos aspectos que considero más interesantes.

El castillo tiene su origen en época musulmana y la documentación más cierta data de 1209, cuando Alfonso Téllez de Meneses recibió la fortaleza de Alfonso VIII. En 1221 pasó a la orden del Temple, en cuyo poder se mantuvo hasta 1308. El castillo fue entregado entonces a don Alonso Fernández Coronel para luego ser confiscado por Pedro I y cedido a Beatriz, su hija y de María de Padilla, en 1353. En 1369, con el acceso al trono de Enrique II, doña María Coronel recuperó las posesiones familiares,

Del castillo salieron seis hombres a caballo y el rey les mandó que diesen los caballos a los que con él iban. Despues ordenó tomar la puerta del castillo de Montalbán.

Castillo de Montalbán.

incluido el castillo, que posteriormente donó a su sobrino el infante Fernando de Antequera, rey de Aragón. De éste pasó a su viuda, Leonor de Alburquerque, madre de los infantes don Enrique y don Juan, a quien pertenecía en el momento en que Juan II se presentó ante sus puertas.

Ya el conde de Cedillo destacaba que la fortaleza estaba asentada en un lugar estratégico, sobre enormes peñas graníticas, ceñida por el río Torcón, que forma allí un tremendo abismo de unos cien metros de hondo; dos torrenteras que dan en el mismo Torcón, hacen a la fortaleza inexpugnable por tres lados. Cuenta con una superficie total de 16.500 metros cuadrados y 1.750 lineales de muralla. Como se indica en la web de San Martín de Montalbán, «*Visto en su conjunto ofrece un aspecto impresionante, con muros de piedra berroqueña de color parda que contrastan con las escuadras blancas de los bloques calizos, que enmarcan saeteras, aspilleras, dovelas y jambas, así como las aristas de sus dos torres albarranas, que se adelantan como proas de navío frente al resto de la muralla, dándole un aspecto grandioso*». (Salvo error por mi parte, no consta el autor).

La parte meridional es llana y la única accesible, por lo que el constructor acumuló en aquel lado poderosas defensas. Primero, un ancho foso; tras él una torre avanzada, de piedra, de planta circular; un contramuro y, en fin, sus dos magníficos espolones o torres albarranas, destacadas sobre la línea general. La planta de éstos es pentagonal y ambos están perforados por sendos y esbeltos arcos apuntados, que permitían el tránsito al mismo pie de la muralla. Situadas en las murallas, al abrigo de los dos espolones, están las dos puertas de ingreso al recinto interior de la fortaleza, de forma apuntada ambas.

Cuando llegaron al castillo Diego López de Ayala y Pero Carrillo de Huete, salía un mozo con un asno a darle agua y quiso oponérseles, pero uno de los caballeros le dio un espadazo de plano en la cabeza, con que desamparó la puerta, y sin más dificultad entraron ambos en el castillo y se apoderaron de la torre del homenaje. Fue un lance afortunado, porque, de no haber sucedido, pudiera haber ocurrido que nadie les abriera, a causa del mucho frío y que la gente estaba en la cocina, lejos de la puerta.

El rey llegó al castillo casi a hora de vísperas, con el conde don Fadrique y el conde de Benavente, Álvaro de Luna, y los que con él pasaron la barca. Juan II quiso saber si el castillo estaba abastecido de las cosas necesarias, y no se halló nada salvo ocho panes cocidos, y hasta una fanega de harina, fanega y media de cebada, dos cántaros de vino y poca leña. El rey envió sus cartas a todos los lugares comarcanos para que le trajeran vituallas y envió mandar a las hermandades de colmeneros de los lugares vecinos que le viniesen a socorrer.

El rey anduvo todo el castillo por ver si se podía defender bien, y como era de noche, y no había una sola candela de sebo ni de cera, se hirió con un clavo en la planta del pie; la mujer del alcaide quemó la llaga con aceite

Salía un mozo con un asno y quiso oponérseles, pero uno de los caballeros le dio un espadazo de plano en la cabeza, con que desamparó la puerta, y sin más dificultad entraron ambos en el castillo.

y le curó lo mejor que pudo hasta que llegaron los cirujanos del rey. El sábado, antes del día, llegaron al castillo hasta cincuenta ballesteros y lanceros que trajeron consigo algunas viandas, aunque manifiestamente insuficientes.

Las tropas enviadas en persecución del rey, con el condestable al frente, tuvieron que pasar la noche en Malpica, debido al tiempo necesario para que todos pudiesen cruzar el río mediante la barca. Alonso Tenorio, adelantado de Cazorla, Juan de Tovar, señor de Cevico, y Payo de Ribera, hijo del adelantado Perafán de Ribera, se acercaron al castillo para intentar hablar con el rey. Éste les respondió desde las almenas que había hecho su voluntad y que se marcharan. Pero el sábado, a la salida del sol, llegaron los demás caballeros a las puertas del castillo.

Como puede apreciarse, la crónica no es precisa en su cronología. Da la sensación de que amigos y enemigos hubieran llegado el sábado y casi al mismo tiempo.

En cualquier caso, una vez llegados a Montalbán, el condestable y los caballeros que con él estaban, montaron un campamento y se aseguraron de que no pudiera entrar ni salir un hombre a caballo. Sabían que no había víveres que permitieran resistir a los sitiados, por lo que pusieron guardas para evitar la entrada de viandas en el castillo. Solo se permitió enviar al rey lo que era necesario para su exclusivo mantenimiento: una gallina, un pan y un jarro de plata pequeño de vino, y otro tanto para cenar. Cuando llegó la gente de las hermandades con suministros para socorrer al rey, les disuadieron para que se marchasen y, además, se quedaron con los suministros.

Vista la situación, el rey envió mensajes al infante don Juan, al arzobispo de Toledo don Sancho de Rojas y a otros nobles, mandándoles que «*viniesen luego a le descercar*».

Solo se permitió enviar al rey lo que era necesario para su exclusivo mantenimiento: una gallina, un pan y un jarro de plata pequeño de vino, y otro tanto para cenar.

En Talavera, el infante don Enrique y su consejo mandaron que se guardasen todos los pasos, incluidos los puertos, para que no pudiese acudir gente en ayuda del rey. También mandaron destruir todos los barcos del río Tajo en aquella comarca y vigilar las puertas de Toledo para que por allí no pudiesen pasar. Además, el infante envió á Fernán Rodríguez de Monroy, señor de Belvís, con treinta hombres de armas para tomar el puente del Arzobispo, sobre el Tajo, a seis leguas de Talavera. Pero el puente ya había sido tomado por Garci Álvarez de Toledo, señor de Oropesa, enviado por Álvaro de Luna.

Los sitiadores pidieron al infante que viniese a Montalbán con la reina y la infanta doña Catalina, hermana de Juan II y recién casada con don Enrique, pensando en que se podría llegar a un acuerdo con el rey sitiado. El infante y su séquito partieron de Talavera el domingo y fueron dormir a Cebolla; y el lunes fueron a comer a La Puebla de Montalbán, donde se quedaron la reina y la infanta, mientras el infante don Enrique y los otros caballeros fueron a dormir al campamento de Montalbán donde, reunidos en consejo, decidieron mantener el cerco, sin dejar entrar ni salir

Un repostero del rey se las arregló para que los hombres que metieran la cama del rey escondiesen en ella algún pan.

personas o viandas. No obstante, ese mismo día le enviaron al rey su cama, porque había dormido en la cama del alcaide la noche que llegó, y otro día le habían enviado los sitiadores una cama en que durmiese.

Un portero del rey que se llamaba Juan Rodríguez de Toledo se introdujo en el campamento de los sitiadores con intención de hacerse con alimentos. La crónica dice que compró pan cocido y un queso y lo metió en sus alforjas y entre sus ropas. Y cuando se halló cerca de la puerta del castillo, picó espuelas a la mula y corrió hacia el castillo, donde le abrieron las puertas. Otro personaje, un repostero del rey que llamaban Ruy Fernández de Olmedo, se las arregló para que los hombres que metieron la cama del rey escondiesen en ella algún pan, y así lo metieron en el castillo. Y un pastor que guardaba ganado allí cerca se llegó a la puerta del castillo y ofreció una perdiz al rey.

En el castillo había alrededor de cincuenta personas y veinticinco caballos y mulas. Los víveres eran claramente insuficientes; no había carne y el pan se racionó a cuatro onzas por cabeza. El lunes, ante la situación de carencia, se acordó que se matasen algunos caballos, y el rey mandó que el primero fuese el suyo, con lo que se pudo sostener a la gente. El rey recibió ese día al obispo de Segovia, que trató de convencerle para que volviese con el infante don Enrique.

El infante don Juan estaba en Olmedo cuando recibió la petición de auxilio del rey. Ya tenía noticias de ello antes de que le llegara la misiva, el martes, 3 de diciembre. Tras reunir a sus banderizos, partió de Olmedo el jueves 5, camino de Guadarrama. Por su parte, el arzobispo de Toledo, don Sancho de Rojas, estaba en Alcalá de Henares, y con sus parientes y banderizos consiguió reunir una tropa de trescientas lanzas en cuatro días, que se añadieron a la gente que ya tenía.

El miércoles, el condestable y el adelantado, Pero Manrique, y Garcifernández Manrique, pidieron a Álvaro de Luna que saliera a la barrera del castillo para ha-

Imagen del infante don Enrique en *Liber genealogiae regum Hispanie*. Manuscrito del siglo XV. (Biblioteca Nacional de España).

blar con ellos. Este acudió a la cita, acompañado de Pedro de Portocarrero su cuñado, y Ruy Sanchez de Mostoso. La conversación fue inútil, pues ambas partes se mantuvieron en sus posiciones. El jueves, el infante hizo un nuevo intento, enviando procuradores de las cortes a hablar con el rey, con el mismo resultado.

Fue tras esa visita, en la que el rey recordó a los procuradores lo sucedido en Tordesillas, cuando el infante don Enrique reunió a su consejo. Todos sabían que la ayuda para el rey estaba en camino y que el infante don Juan se acercaba con otros grandes del reino, por lo que les tenía más cuenta a todos abandonar el campo. Así, el martes 10 de diciembre dio el infante lugar que metiesen todas las viandas que menester hubiese, y entrasen todos los que entrar quisiesen, «y en este día el infante envió suplicar al Rey que le diese licencia para le ir hacer reverencia e besarle las manos antes que partiesen».

El rey le contestó que no le quería ver y que se fuese a Ocaña. Don Enrique partió sin ser recibido por Juan II, que vio marchar al infante desde las almenas del castillo, y éste le hizo la reverencia según se marchaba. En su camino quiso don Enrique entrar en Toledo, pero no le fue permitido y tuvo que alojarse en el monasterio jerónimo de la Sisla, cerca de la ciudad.

En cuanto a los procuradores, Juan II les ordenó marchar a Pulgar. A la reina, su mujer, y hermana del infante, le ordenó partir para Santa Olalla, pero ella le pidió licencia para ir a Toledo y quedarse quince o veinte días en el monasterio de Santo Domingo el Real, a lo cual accedió el monarca.

El rey permaneció en Montalbán veintitrés días, durante los cuales el infante don Juan llegó a Fuensalida, indicándole Juan II que permaneciese en dicho lugar hasta nueva orden. También le visitaron el almirante don Alonso Enríquez y Fernán Alonso de Robres, consejero de don Álvaro

Don Enrique partió sin ser recibido por Juan II, que vio marchar al infante desde las almenas del castillo, y éste le hizo la reverencia según se marchaba.

Don Álvaro de Luna.
Cuadro en su capilla
funeraria de la catedral
de Toledo.

de Luna. También llegaron casi tres mil peones de las hermandades y otra gente de armas. Y los de Villarreal suplicaron al rey que la hiciese ciudad, «*e al Rey plugo dello, e mandó que dende en adelante se llamase Cibdad-real*».

Juan II abandonó Montalbán el día antes de la Nochebuena, para ir a pasar la pascua de Navidad en Talavera. Pidió al infante don Juan, al almirante y a otros nobles que le esperaran cuando cruzase el río por la barca de Malpica, para ir a comer en el castillo de Villalba. Allí el infante don Juan manifestó su alegría por la libertad del rey e hizo protestas de sincera lealtad. El rey aceptó las palabras del infante y se comprometió a hacer mercedes a los nobles leales e invitó a los infantes a compartir su mesa.

El infante don Juan negoció con don Álvaro de Luna quedarse en la corte, pero éste no estaba dispuesto a que el rey pudiera quedar bajo el control de otro infante de Aragón, una vez que se habían librado de don Enrique. Así, no aceptó la petición del infante, pero se aseguró de que el conde de Benavente le guardara las espaldas con hombres de armas por si el infante se empeñaba en hacer su voluntad por la fuerza. «*Y el infante don Juan, conoscida la voluntad de Álvaro do Luna, vido que no le cumplía más porfiar do quedar allí, e tomó licencia del Rey, e volviose para Fuensalida, y el Rey se fue para Talavera*».

Así terminó ese episodio, considerado por los historiadores como el inicio de una nueva etapa de guerras civiles que no había de terminar hasta el acceso de los Reyes Católicos a sus respectivos tronos, más de cincuenta años después. Los líderes, Álvaro de Luna, por un lado, y los infantes de Aragón, por otro, cada uno con sus aliados. En medio, la aristocracia de la nobleza castellana, cambiando de bando en función de sus intereses propios. Durante veinticinco años se alternaron las intrigas políticas en la corte con las batallas; la acumulación de poder de Álvaro de Luna, con las presiones del partido aragonés, en el que se integraba parte de la nobleza castellana, para defenestrarle.

La victoria de las tropas reales en Olmedo, en 1445, batalla en la que murió el infante don Enrique, pudo haber sido definitiva pero, en cambio, supuso el inicio del fin de don Álvaro de Luna. El príncipe Enrique, futuro Enrique IV, con su principal consejero el marqués de Villena, maniobraron contra el privado de Juan II. Acusado de ordenar el asesinato del contador Alfonso Pérez de Vivero, Álvaro de Luna fue detenido y ejecutado en Valladolid el 2 de junio de 1453. Sus restos fueron trasladados posteriormente a la capilla de Santiago de la catedral de Toledo. Juan II murió al año siguiente, dejando el reino en manos de Enrique IV. Lo que queda, hasta la llegada de los Reyes Católicos, es otra historia.

PARECE QUE FUE AYER ▰▰▰

«Con dolor lo decimos, hay todavía un gran número de individuos refractarios a toda idea de progreso femenino, fundándose en que jamás la mujer instruida mira con apego las faenas domésticas ni se consagra con verdadero entusiasmo a la dirección de su casa. Si eso fuese así, si según algunos escritores religiosos, la mujer entendida no es casera, nosotros seríamos los primeros en anatematizar la instrucción de la mujer, los primeros en pedir que continuase aprisionada con las cadenas de la ignorancia. ¿Pero es eso cierto? ¿No hay en esa apreciación del hombre (en general) un sentimiento de celos, de rivalidad, casi de envidia? Creemos que sí. El hombre, acostumbrado a considerarse el iniciador de todo progreso, no puede en su soberbia imaginarse siquiera, que su esposa, la compañera de su peregrinación por este valle de lágrimas, haya de compartir con él esa gloria, que según la ley antigua le pertenece de derecho, olvidándose de que sin saberlo ella misma, sin pretenderlo siquiera, la mujer haya venido siendo, siglo tras siglo, el agente más activo y más generoso de toda idea de progreso y de civilización».

Jerónimo Rodríguez de Mora en *El Duende*. 22 agosto 1882

JESÚS MUÑOZ ROMERO
El hombre tranquilo

SANTIAGO SASTRE

Jesús Muñoz es filólogo, escritor y editor. Está al frente de la editorial Ledoria que fundó hace la friolera de 30 años: desde 1995. Ha conseguido editar un elenco de libros que resultan imprescindibles para entender la historia y la literatura de Toledo (y más allá, como diría Buzz Lightyear). El cartel de autores que publican en su editorial es de *championlí*, de primeros espadas, realmente quita el hipo. Y ha conseguido algo increíble: editar una revista trimestral (*Cuatro Calles*) que acaba de publicar el número 33, la edad a la que murió Cristo. Una revista en la que se abordan temas de Toledo y su provincia y de literatura, pero desde un punto de vista divulgativo, con ánimo de enganchar a los lectores, en especial a los jóvenes.

Yo lo conocí cuando empezaba en la feria del libro de Toledo y exponía sus primeros libros en una pequeña mesa de campin en la plaza de Zocodover. Siempre con su gorrilla, afable (nunca lo he visto enfadado, ni siquiera hablando de política), bondadoso, un pelín tímido (más que tímido quizá es formal), buen conversador y un sabio en temas sobre todo de historia, de filología y de literatura clásica. Ni fuma ni bebe (nunca lo he visto tomar alcohol). Habla en un tono bajito y no dice palabrotas, ni chistes, ni comentarios groseros. Diría que es un hombre especialmente virtuoso. Y con una paciencia portentosa. Una vez puse a prueba su paciencia haciendo un montón de correcciones sobre las pruebas de imprenta de una de mis novelas y el que acabó nervioso y mordiéndose las uñas fui yo, que ya no podía más (llevábamos con las correcciones ¡más de tres horas!), mientras que él se mantenía en su ataraxia particular, en su calma chicha como un maestro zen.

Lo que siempre me ha llamado la atención es su peculiar visión de la edición. Con esto me refiero a que la concibe como algo que va más allá de un negocio (o sea, la venta de libros), sino que asume su labor como una vocación en favor de la cultura. Por eso ha publicado a autores que empiezan, libros rarísimos, de temas difíciles, de asuntos que en apariencia no parece que se venderán (incluso le he desaconsejado publicar determinados libros porque me parecían sin relevancia o sin mercado). Pero él siempre me ha dado un ejemplo: se sentía comprometido a publicar esos libros como una labor que no pretende mirar el bolsillo, sino con el ánimo de contribuir con la cultura. Cuando me explicaba esto me daba una lección moral, porque desgraciadamente muchas veces confundimos el valor con la rentabilidad y la utilidad, como afirmaba A. Machado. Y las cosas más importantes de la vida, como señalaba Nuccio Ordine, son inútiles en el sentido de que no cotizan en Bolsa (el amor, un atardecer, una conversación, la lectura de Platón, un cuadro, una música, un abrazo...)

Y otra cosa importante para los tiempos que corren: su editorial es normal; es decir, de las que apuesta por el autor y el libro sin pedir dinero al autor de antemano. Sabemos que ahora muchas editoriales solo publican si el autor pone dinero o asegura una venta de ejemplares, de modo que encubren en realidad la autoedición, una especie de *do ut des*. Pues Ledoria mantiene la idea de la edición como la que hemos concebido toda la vida en la que el editor apuesta por el autor y por el libro. ¡Oh, maravilla!

Gran parte de mis libros han aparecido en su editorial y eso me ha llevado a tener un trato muy cercano con Jesús, que pertenece a mi círculo estrecho de amistades. No puedo no comentar que pasó un doloroso trance con el fallecimiento repentino de su esposa Gloria. Luis Rosales afirmaba que las personas que no conocen el dolor son como iglesias sin bendecir. Y es verdad. En ese momento terrible, Jesús conoció el zarpazo desgarrador del dolor; un terremoto que cambió la geografía de su vida de forma radical. Todos sus amigos tratamos de ofrecerle nuestra cercanía y nuestro abrazo como cobijo, respetando la necesidad de silencio y recogimiento. ¡Ay, Dios! Ya pasó, aunque el eco resuena en el adentro. Como diría César Vallejo: «*Hay golpes en la vida, tan fuertes... ¡Yo no sé!*». Jesús ha demostrado tener una espalda fuerte, con capacidad para aguantar mucho peso, aunque haya momentos en los que ese peso parecía acojonantemente aplastante. *Malgré* Julio Iglesias, la vida sigue, pero no igual.

Me siento muy orgulloso de su amistad y de su proyecto editorial, al que apoyo al mil por mil. Con motivo de esa efeméride de los 30 años de su editorial se me ocurrió hacerle una entrevista diferente, no como las que he venido haciendo (indagando en la infancia, la vida y la obra de los entrevistados). Cayó en mis manos un libro de entrevistas que hizo en ABC el periodista y escritor Julián Cortés-Cavanillas (que, por cierto, aparece en la pelícu-

Jesús, con Gloria, su mujer, fallecida recientemente.

la *Vacaciones en Roma*, dando una carta a la princesa Anna, interpretada por Audrey Hepburn), y me gustó ese modelo de preguntas rápidas, como con metralleta, y que exigen contestaciones breves. Este escritor pensaba que era una manera de propiciar el psicoanálisis del entrevistado. No sé si se llegará a tanto, a escarbar de esta manera en la psiquis o en la trastienda de una persona (por decirlo con Freud), pero es lo que he intentado con esta ráfaga de preguntillas. Al menos sirve para dar un retrato a grandes rasgos de ese hombre tranquilo que es Jesús, por decirlo con la película de John Ford.

Sí, quizá es eso lo que más lo define, la serenidad junto con la sabiduría. Una serenidad cercana al estoicismo, que aspiraba a la imperturbabilidad, o, en otro contexto, a aquel *«nada te turbe»* de santa Teresa. Y una sabiduría de corte socrática, que desde la humildad pone al servicio de los demás con su labor como escritor y editor.

Para mí, son dos rasgos fundamentales de un maestro. Y Jesús lo es para mí.

—¿Cuál es el primer recuerdo importante de tu infancia?

—El cerro de la Cobertera, en mi pueblo, con gigantes en su cima.

—*De todos los pecados, ¿cuál te merece mayor indulgencia?*

—Amar desaforadamente.

—*¿Qué flor es tu predilecta?*

—El lirio, desde que leí a Ausias March, pero también la amapola, porque me parece que forma ríos de sangre en los campos de primavera.

—*¿En qué consiste el éxito de un hombre?*

—En ejercer la libertad todo lo que pueda y en tener orgullo y dignidad.

—*¿Qué es para ti el tiempo?*

—La muerte, nos mata el tiempo lentamente pero también puede hacernos perdurar.

—*¿Qué animal prefieres?*

—Me gusta ver volar a las águilas.

—*¿Qué es la elegancia?*

—Se tiene o no se tiene, pero debes cultivarla. Es una forma, pero se caracteriza por su esencia. Me produce admiración contemplarla donde la encuentro.

—*¿Qué epitafio escribirías sobre tu propia tumba?*

—He tratado de vivir, de entender, de dar y he amado.

—*¿Qué te gustaría ser si no fueras ni editor ni escritor?*

—Media punta del Real Madrid, no titular.

—*¿Qué figura de todos los tiempos es tu preferida?*

—Admiro la obra de Platón, de Virgilio y de Cervantes, pero no me gustan las vidas que vivieron.

—*¿Qué libros tratarías de salvar si se incendiase tu biblioteca?*

—*El Banquete*, las *Bucólicas*, *La Galatea* y el *Quijote*.

—*Si de pronto supieras que te quedaba una hora de vida, ¿qué harías en esos sesenta minutos?*

—Correría a un lugar apartado y alto, escribiría unas notas y contemplaría el mundo sentado.

—*¿Qué platos son tus preferidos dentro y fuera de España?*

—El salmorejo y los huevos fritos con patatas, aunque no hago ascos a la tortilla española, la paella, el jamón serrano, el queso manchego bien curado y el parmesano. O sea, platos muy simples, poco elaborados y baratos.

—*¿Qué música prefieres?*

—La clásica, especialmente la rusa y la italiana.

—*¿Qué deporte prefieres?*

—Me gusta practicar bádminton y correr, me gusta ver fútbol y baloncesto europeo.

—*¿A quién de tus contemporáneos levantarías un monumento?*

—A la honestidad y no pondría nombres.

—*¿Cuál es la mujer de la historia universal que más admiras?*

—Luisa Sigea.

—*¿Qué fenómeno de la naturaleza te causa mayor impresión?*

—Las auroras boreales, y eso que sólo las he visto en vídeo. De lo que he visto en directo, una riada. Cuando la naturaleza se desata, estamos perdidos.

—*¿Qué te espanta más en la vida?*

—Que el hombre sea un lobo para el hombre.

—*¿Eres supersticioso?*

—Apenas, o sea, sí.

—*Cuál es la ciudad del mundo que más te impresiona?*

—Florencia.

—*¿Cuál es tu color favorito?*

—El granate, pero también el azul cielo y el verde botella. Y, cómo no, el blanco y el negro.

—*¿Cuál es tu película favorita?*

—Me cuesta escoger una película o un libro, pero elegiría *El apartamento*, de Wylder.

—*Si el diablo te propusiese el pacto de Fausto, ¿qué harías?*

—He dejado de creer, quizás temporalmente, pero si creyese y me parara a contemplar mi es-

tado, no puedo venderle mi alma por nada del mundo.

—¿*En qué consiste la felicidad humana?*

—En disfrutar de las pequeñas cosas.

—*Si te tuvieras que disfrazar, ¿cuál sería el disfraz de tu gusto?*

—Hombre invisible.

—*¿Cuál ha sido el libro extranjero que más te ha impresionado?*

—Poemas de Shelley.

—*Si tuvieras que defender a un personaje famoso en el Juicio Universal ¿cuál sería tu elegido?*

—Jesucristo.

—*¿Qué es lo que te inspira mayor curiosidad en el momento presente?*

—La mente humana.

—*¿Qué es lo que más te aburre?*

—Una conversación vana.

—*¿Cuál es el tópico que más te fastidia?*

—Que todo el mundo ve los documentales de La 2.

—*¿Eres optimista o pesimista?*

—No lo sé, ahora creo que todo es producto del azar, porque por mucho que hagas, viene viento y lo derriba.

—*¿En qué siglo te hubiera gustado vivir?*

—En estos, XX y XXI para estudiar los anteriores.

—*Si te pudieras transformar en una obra de arte, ¿qué te gustaría ser?*

—Una estatua de mármol amputada de una villa romana. Quizás sólo la cabeza.

—*¿Qué mandamiento añadirías al Decálogo?*

—Conócete a ti mismo.

—*¿Cuál de las Bellas Artes prefieres?*

—Todas, todas, todas.

—*¿Quiénes son tus héroes preferidos en la literatura universal?*

—Amadís y Don Quijote.

—*¿Qué cuadro intentarías salvar si se incendiase el Museo del Prado?*

—Un capricho de Goya que puede llamarse *El sueño de la razón produce monstruos*, en que aparece un hombre yo no sé si abatido o pensativo.

—*¿Cuál crees que es el invento más decisivo en la evolución humana?*

—La escritura.

—*¿Cuáles son los poetas que más te conmueven?*

—Los que saben qué es el ritmo y la musicalidad. Garcilaso, San Juan, Fray Luis. Cito españoles porque puedo leer extranjeros, pero no traducirlos bien.

—*¿Qué distingue para ti a los españoles del resto de los europeos?*

—Somos muy ricos, tenemos varias lenguas, varios climas, comidas, paisajes... y una gran creatividad dentro de una gran historia.

—*¿Cuál es el instrumento musical que más te llega a lo íntimo?*

—El violín, pero yo sólo podría tocar el laúd o la guitarra.

—*¿Qué número tiene para ti virtudes de talismán?*

—Antes pensaba que el 1 y el 3, ahora el 55. Yo sé por qué.

—*¿Cuál ha sido la figura más nefasta de la historia del mundo?*

—No sólo una, pero de entre las que todos nombraríamos, creo que sólo fueron un nombre en un conjunto. Muchos les siguieron o muchos los designaron.

—*De tener que escoger un oficio manual, ¿cuál sería?*

—La escritura, se hace con las manos, ¿no? Otra querría, la pintura, otras no sabría, soy un manazas.

—*¿Qué piensas de la pintura abstracta?*

—La hay buena y mala, como la figurativa.

—*¿Cómo definirías el miedo?*

—No lo sé, lo siento, a veces me figuro que falta el suelo bajo mis pies o que me atacan otros hombres por todos lados, por eso tiendo a echarme al monte y observar, pero allí tampoco estoy necesariamente a salvo, y eso creo que es miedo. Me da miedo la ausencia también.

—*¿Tu actor preferido?*

—Robert Redford, Katharine Hepburn y la Baltasara.

—*¿Cuál es para ti el monumento del mundo más perfecto?*

—Toledo.

—*¿Cuál es el rasgo general de tu carácter?*

—Introvertido, tolerante y trabajador.

—*¿Cuál es tu árbol preferido?*

—La encina, me evoca la dureza de la vida.

—*¿Cuál es tu sueño dorado?*

—Vivir en silencio y no morir

del todo hasta que deje de pronunciarse mi nombre.

—¿Cuál es el primer y el último libro que por ahora has editado?

—El primero fue *El valle de la luna llena* y el último éste mismo, mi querida *Cuatro calles*, ya el número 33.

—¿Cuál es tu leyenda toledana preferida?

—La leyenda de Atalo.

—Un rincón de Toledo.

—El interior de las iglesias de San Andrés y de Santa Eulalia.

—El dato de la historia de Toledo que más te llame la atención.

—Las calles y las plazas en 1520 y 1521.

—Si tuvieras que elegir un monumento de Toledo ¿con cuál te quedarías?

—No puedo, pero me gustan mucho San Andrés y Santa Eulalia.

—¿Qué es lo que no te gusta de Toledo?

—Que sus habitantes sienten orgullo de ser toledanos no saben por qué.

—¿Cómo es el Toledo que imaginas?

—He claudicado a la realidad, pero puedo contribuir con un verso, como decía Whitman, y debo hacerlo.

—De todos los libros que has editado, ¿de cuál te sientes especialmente orgulloso por alguna circunstancia particular?

—Míos, el estudio sobre el tiempo en el *Quijote* y la recuperación de Luisa Sigea. Ajenos, pero propios, también, muchos, especialmente los que componen la colección Biblioteca de Autores Toledanos.

—¿Crees que en Toledo se valora de forma especial la cultura?

—No, ésa es la pena, que no se valora de forma especial, y todos tendríamos el deber de hacerlo en las escuelas y en las casas con nuestros hijos para que a su vez ellos lo transmitiesen a los suyos.

—¿Recuerdas tu último sueño?

—Lo recuerdo vagamente, trato de olvidarlo y lo consigo, pero no del todo.

Narciso Clavería y el Condado de Manila

JOSÉ LUIS ISABEL

N arciso Clavería Palacios (1869-1935) es conocido en Toledo por haber sido el autor de la estación de ferrocarril, hoy en día de moda por el proyecto de trazado del AVE a Badajoz. No es tan conocido que fue un destacado fotógrafo y que, como desvela Eduardo Sánchez Butragueño en su *Toledo Olvidado*, hizo amistad en Toledo con Santiago Camarasa y publicó algunas de sus imágenes en la revista *Toledo*. Tampoco lo es que ostentaba el título nobiliario de Conde de Manila, que nada tuvo que ver con su profesión y cuyo origen trataremos de dar a conocer.

Su padre, José Clavería Berroeta (1839-1897), era militar y, tras estudiar en el Colegio de Artillería, obtuvo en 1858 el empleo de subteniente, con el que combatió en la Guerra de África en 1859 y 1860. En 1865 fue ascendido a capitán y tres años después formó parte de las tropas

Narciso Clavería Palacios

del marqués de Novaliches que se enfrentaron a las del general Serrano en el puente de Alcolea (Córdoba), dando lugar al derrocamiento de Isabel II.

En 1871 prestó juramento de fidelidad a Amadeo I y en 1873 le fue concedido el retiro que había solicitado. Arrepentido, volvió al servicio a los pocos meses, tomando parte, en enero de 1874, en el golpe de estado que puso fin al régimen republicano. Seguidamente intervino en la tercera guerra civil, tomando parte en varias acciones y consiguiendo en 1875 el empleo de comandante y, un año después, el de teniente coronel por méritos de guerra. Sirvió los años siguientes en Segovia, Burgos y Valladolid, y en 1885 fue nombrado ayudante de órdenes de Alfonso XII, cargo en el que cesó en 1888. Un año después fue ascendido a coronel y puesto al frente del 5º Regimiento Divisionario, al tiempo que desempeñaba el cargo de comandante militar de Vicálvaro. En 1893 fue promovido a general de brigada, empleo con el que pasó a la Sección de Reserva del Estado Mayor General del Ejército. Fallecería en Madrid en 1897. Su esposa, y madre del arquitecto, Matilde Palacios, moriría a la temprana edad de veintitrés años, cuando aquél no había llegado a cumplir los diez meses, contrayendo José Clavería segundas nupcias con María Salomé Sánchez Molero y la Torre.

Su abuelo, de quien el arquitecto había heredado el nombre, fue Narciso Clavería Zaldúa (1795-1851), también militar y perteneciente al arma de Artillería. Era hijo de Antonio Clavería Portu, artillero igualmente, y que había llegado al empleo de coronel, con el que sería asesinado por las turbas al inicio de la Guerra de la Independencia. Su madre era María Jesús Zaldúa Murrieta. Se le había concedido la gracia de distinguido con tan solo seis años, ingresando a los doce en el Colegio de Artillería de Segovia. Luchó contra los franceses en la Guerra de la Independencia, en la que ganó por su valor dos cruces de San Fernando de primera clase. En 1809 consiguió el empleo de subteniente y dos años más tarde el de teniente, terminando la contienda con el de capitán. Se adhirió en 1820 al levantamiento de Cabezas de San Juan, combatiendo a las órdenes de *El Empecinado* y siendo hecho prisionero de los realistas y conducido a Francia.

Luchó contra los franceses en la Guerra de la Independencia, en la que ganó por su valor dos cruces de San Fernando de primera clase.

Narciso Clavería Zaldúa,
Conde de Manila.

Restablecido el absolutismo, fue baja en el ejército, teniendo que mantenerse como administrador de las posesiones del Marqués de San Millán. Fue readmitido en el ejército en 1832, pasando entonces destinado a la Fábrica de Armas de Plasencia donde, un año después, fue ascendido a comandante. Mandó una columna durante la primera guerra civil, a cuyo frente peleó contra el *Cura Merino*, recibiendo por su comportamiento una tercera cruz de San Fernando. En 1836 fue ascendido a teniente coronel y ejerció el cargo de ayudante del general en jefe del Ejército del Norte, Luis Fernández de Córdoba. Ascendido en 1839 a coronel de Infantería y pocos meses después a brigadier, fue nombrado jefe del Estado Mayor del Ejército del Centro, recibiendo poco después la cruz de San Fernando de tercera clase. En 1840 obtuvo el empleo de mariscal de campo, pero, opuesto a la regencia de Espartero, tuvo que exiliarse a Francia, donde permaneció hasta la caída de aquél, en 1843. Narváez le nombró a su regreso a

Bombardeo y desembarco de Balinguingui

España capitán general de Navarra, seguidamente de Aragón y en 1844 de las Islas Filipinas, ascendiéndosele a continuación a teniente general.

En enero de 1848 organizó la expedición a la isla de Balinguingui, que se había convertido en guarida de los piratas musulmanes, consiguiendo las tropas españolas apoderarse de los cuatro fuertes que la defendían, destruir las numerosas embarcaciones que utilizaban para sus rapiñas y liberar a un numeroso grupo de cautivos. El éxito obtenido fue recompensado con la Gran Cruz Laureada de San Fernando, la máxima condecoración que se concede a un general en jefe por su triunfo en una batalla o una campaña, y con el título de Conde de Manila y Vizconde de Clavería. Problemas de salud le obligaron a renunciar al puesto en 1849.

A su regreso a la Península fue nombrado senador con carácter vitalicio, pudiendo desempeñar este cometido por breve espacio de tiempo, ya que moriría en 1851.

En su necrológica se resaltaron los numerosos servicios que había prestado a la población de aquellas Islas:

«Las familias indígenas carecían de un apellido común, pues

Organizó la expedicion a la isla de Balinguingui, guarida de los piratas musulmanes, consiguiendo las tropas españolas apoderarse de los cuatro fuertes que la defendían.

cada hijo usaba uno diferente, y mandó formar un expediente para el arreglo de apellidos por familias. Formó reglamentos de presidios, de servidumbre doméstica y de sucesión de mandos en las provincias. Las calles de la capital estaban siempre sucias y mal empedradas, y mandó formar un expediente para imponer una contribución sobre los carruajes y caballos, con el objeto de atender al entretenimiento del empedrado y limpieza de la población. Fue protector del brillante Liceo que posee Manila. Hernando de Magallanes no tenía ni siquiera una pobre cruz de madera que recordase los servicios que había prestado a su patria, ni el lugar donde yacían sus cenizas. Elevó un monumento en el muelle de Isabel II, a orillas del río Pasig, que es lo primero que se pre-

Asalto al fuerte Sungap.

senta a la vista del europeo que pone el pie en las islas. Para dar más decoro y grandeza al salón de corte del palacio de Manila, colocó en él los retratos de los primeros Adelantados y Gobernadores de las islas. Estableció una escogida biblioteca militar. Protegió y mejoró la administración de los colegios de niñas huérfanas de militares y contribuyó eficazmente a la construcción del puente colgante sobre el Pasig. Los que a consecuencia de los acontecimientos de 1848 tuvieron la desgracia de ser deportados a Filipinas, encontraron en él un protector, que procuró, en cuanto le fue posible, dulcificar la amar-

gura de su situación. Humano, compasivo por carácter, no hacía más que obedecer los impulsos de su corazón. En fin, sería nunca acabar si fuésemos a enumerar los infinitos servicios que prestó a las islas y a su patria».

En el real decreto de concesión del título de Conde Manila se decía:

«Queriendo dar una prueba de mi Real aprecio al teniente general D. Narciso Clavería, gobernador y Capitán general de las islas Filipinas, en justo premio de su lealtad, méritos y servicios, y muy principalmente del que acaba de prestar en la expedición dirigida contra la isla de Balinguingui, extinguiendo las hordas de piratas que, gua-

recidos y fortificados en la misma, infestaban desde ella el Archipiélago y entorpecían el comercio de aquellas importantes posesiones, tan dignas de la protección y solicitud de la madre patria, vengo en hacerle merced del título de Castilla con la denominación de conde de Manila, vizconde de Clavería, para sí, sus hijos y sucesores legítimos, relevándole de gastos y del impuesto especial creado por mi Real decreto de veinte y ocho de Diciembre de mil ochocientos cuarenta y seis, con arreglo a lo dispuesto en el artículo diez del mismo.

Dado en Palacio a 1º de Mayo de 1848.- Está rubricado de la Real mano.- El Ministro de Gracia y Justicia, Lorenzo Arrazola».

Por resolución de 20 de febrero de 1852 se concedió real carta de sucesión en el título de Conde de Manila a su hijo José de Clavería y Berroeta, padre del arquitecto. A la muerte de José Clavería Berreta, en 1897, le sucedió su hijo Narciso Clavería Palacios, casado con Carmen Babé y Rodríguez de Porras, padres de José Clavería Babé, a quien, al fallecer su padre en Madrid el 14 de enero de 1835, le correspondió el título por decreto de 11 de noviembre de 1949. Trabajó en ferrocarriles como ingeniero del Servicio de Estudios y Asuntos Generales y llegó a comandante de la Escala de Complemento Honoraria de Ferrocarriles, en la que causó baja tras jubilarse de la empresa en 1968.

El Nuncio y su hospital para locos

El Hospital del Nuncio, de Toledo, también llamado de la Visitación, de Inocentes o de Dementes, que por todos estos nombres ha sido conocido, debe el primero y más popular de ellos, a su fundador Francisco Ortiz, nuncio apostólico del papa Sixto IV, quien le encomendó la misión de asegurar el obispado de Cuenca en favor de un sobrino suyo al que había nombrado en contra de la opinión de los Reyes Católicos. Como consecuencia de ello, Francisco Ortiz hubo de salir huyendo de Cuenca a Toledo y finalmente hasta Trujillo, donde fue apresado.

Fue durante esta persecución cuando, según su propio testimonio, la víspera de la fiesta de la Visitacián (de ahí el primer nombre dado al hospital) consideró que sus largos años al servicio de la Curia romana le habían proporcionado gananacias y honores que no utilizaba como debiera, tomando la decisión de seguir fielmente, a partir de entonces, la doctrina evangélica y dedicar todas sus riquezas a la atención de

los desfavorecidos, llegando a la conclusión de que los más pobres de todos eran «*los que carecen de seso y los niños expósitos que las madres desamparaban*». Es así como surgió, en 1483, el primitivo Hospital del Nuncio en el solar que actualmente ocupa la popular plaza de los Postes.

En 1790 fue el cardenal Lorenzana quien mandó construir el nuevo hospital de dementes cuyo edificio pervive en la calle Real.

Tomás Camarero

PACO MAESO

Siempre que se nombra a Camarero se me aparece su firme figura y su mirada concentrada interpretando la realidad en cualquier plaza o calle.

Captar el instante, el momento efímero en el que se escapa la existencia, ¿no es el fin último del arte o quizás uno de ellos?

Esa luz de su querido pueblo «Bargas City» como le gustaba llamarlo. Allí nació su esposa Paula y el abuelo Vicente (auténtico pilar de su infancia).

Hoy es martes y paso una fría mañana acompañado de Ángel Felpeto y su señora entre sorbos a un café y unos deliciosos churros en El Corralón. Le comento a mi amigo la intención de escribir un artículo sobre Tomás y manifiesta su entusiasmo, a la vez que me muestra en su móvil pinturas realizadas por él mismo y yo le animo a que se decida a exponer.

Acto seguido me sorprende con una anécdota que pocos conoce-

rán. Siendo concejal de Cultura en el Ayuntamiento de Toledo, tramitó en el año 2011 el otorgamiento de la distinción como Hijo Adoptivo de la ciudad a nuestro protagonista, que causó cierto revuelo por las dudas generadas sobre el auténtico gentilicio del artista. La confusión quedó resuelta al consultar con un familiar cercano el lugar exacto de su nacimiento. Se confirmó el dato de que el alumbramiento se produjo el 22 de julio de 1934 en la toledana calle del Corchete, en las proximidades de la parroquia de Santa Leocadia. Así que finalmente fue nombrado, con todos los honores, Hijo Predilecto de la ciudad que le vio nacer. Se pueden imaginar hasta qué punto se le consideraba bargueño a don Tomás Camarero García.

Prosigo la animada conversación relatando a mis contertulios cómo una mañana de un caluroso mes de agosto, al salir del estanco que regentaba mi añorado abuelo Antonio en las Tendillas (anteriormente desarrolló su carrera profesional en el Ejército), vislumbré la imagen de un hombre calle abajo sentado junto a un caballete, ajeno al deambular de la gente a su alrededor.

Mis pasos se encaminaron instintivamente hacía aquella escena que tanto me atraía. La plaza de las Capuchinas aparecía solitaria pero vestida de luces y sombras. Al llegar a su altura se puso en pie ante un cielo callado mientras hablaba con sus pinceles y repartía sus inconfundibles ocres por el cuadro aún inacabado.

El pintor estaba resguardado bajo una desgastada sombrilla de playa y me animó a acercarme a su sombra. Por un momento me miró y sonrió con una tímida mueca, pero enseguida continuó sin más a lo suyo: la PINTURA.

En aquel instante me sentí partícipe de su obra o de lo que allí acontecía.

Su forma de pintar era puro espectáculo para un hombre que había pasado por una infancia desgarradora marcada por el fallecimiento de su progenitora con tan sólo 31 años.

El camino hasta esa plaza no había sido fácil.

Y al final de todo, más allá de Toledo y de su estudio en Babmardón, su amada Bargas. Dejó constancia para generaciones futuras de sus rincones, patios y calles. De portones desaparecidos como el del Tío Telesforo, la

Tomás Tomás Camarero. (Foto de Renate Takkenberg-Krohn).

Cuatro calles

fachada de la antigua posada de la Tía Eugenia o el pasadizo de Los Mangas. Destacar también el mural que realizó en el Barrio de las Eras (1993).

Alguien lo definió como «*el pintor que entiende la muerte de color negro, la vida en azul, la esperanza en verde, la tristeza en carmín grisáceo, la desesperación en rojo y el entusiasmo como todos los colores del arco iris*».

Él se autoproclamó como un pintor figurativo que pintaba para el gran público. En 1983 visitó Italia (Florencia y Venecia), en 1985 Bulgaria, el único representante español al Primer Plener Internacional de Pintura en el museo de Veliko Tarnovo. En 1987 acudió a la Muestra Internacional de Pintura de las Ciudades Patrimonio de la Humanidad, en Évora, patrocinada por la Unesco. En 1992 expone en Belgrado, en la Galería VID (Exposición SEFARAD 92). En 1993 en el Hotel Loews L'Enfant Plaza de Washington (Toledo week in Washington). Y en España expuso en Barcelona, Madrid, Zaragoza, Jaén, Granada, Córdoba...

Se ha querido vincular su obra a la de Camille Corot, conocido por sus paisajes y precursor de los impresionistas. Su luz quizás influyó en él, aunque éste prefería, a diferencia de nuestro Camarero, salir a crear al amanecer o durante el crepúsculo para crear atmósferas intimistas. También se dice que le influyó Alfred Sisley, al cual se le consideró como «el impresionista puro».

Tomás debía todo lo que sabía de dibujo a doña María Luisa García Pardo, que descubre sus cualidades de niño. Pero desde mi humilde punto de vista, sus visitas en la infancia a la Casa Grande, es decir, a la casa-estudio del maestro Arredondo, despertaron su vocación artística, así como las primeras enseñanzas junto a don Pablo Gamarra, donde se servía de todo aquello que tuviese a mano, desde pasta de dientes «El Torero» o un simple pintalabios, para proporcionar el efecto deseado en sus lienzos. Todo valía.

Camarero fue más allá de su faceta de pintor y también realizó como cincelador magníficas piezas tras pasar por las enseñanzas del taller de la Fábrica de Armas, como lo atestigua su gran trabajo en el trono de la Virgen del Socorro de Orgaz (Toledo), el marco repujado en plata que contiene la Bula del Papa Inocencio VII que atesora el convento de las madres Concepcionistas y

Camarero fue más allá de su faceta de pintor y también realizó como cincelador magníficas piezas tras pasar por las enseñanzas del taller de la Fábrica de Armas, como lo atestigua su gran trabajo en el trono de la Virgen del Socorro de Orgaz.

los tres relicarios de Santa Beatriz de Silva que fueron donados por las religiosas al Vaticano. Se valoran también sus piezas de orfebrería.

Entre exposiciones, viajes y nuevos proyectos la RABACHT le comunicó el acuerdo, adoptado en sesión extraordinaria de 25 de febrero de 1997, para que ocupara la vacante que había dejado su maestro Cecilio Guerrero Malagón.

En mi opinión, su mayor premio ha sido dejar huella en Bargas, donde se valora como en ningún otro lugar la importancia de su obra.

Tomás Camarero dejó de crear un día del año 2004.

A TOMÁS CAMARERO

Cruzando el pueblo desierto...
la luz inmensa,
la tímida sombra,
el canto sordo
del pájaro en la rama,
el eco olvidado
detrás de la blanca tapia,
los ocres rebosando.
Desde el Barrio Alto...
Tomás en cada pincelada
da vida al pozo,
acaso sin agua.
La casa deshabitada
con herederos,
el patio de La Chumata,
los tiestos de la Cuquera.
Camarero...
Renata lo inmortalizó
y su querido «Bargas City»
lo elevó.

Extintores de barro

ANTONIO LÓPEZ BALLESTEROS

Los cántaros de barro son recipientes que usaban principalmente los aguadores y azacanes para el trasiego de agua. Pero estas vasijas tenían, además, otro uso, porque los antiguos bomberos (llamados, *matafuegos*) los empleaban como apoyo de las herramientas de mano de las que se valían para apagar los incendios. Como es evidente, el cántaro no se vaciaba de modo normal a través de su estrecha boca, ya que para ello habría sido necesario acercarse peligrosamente a las llamas y verter el agua en un proceso lento y poco eficaz. Los cubos, al menos oficialmente, no se usaron en Toledo hasta finales del XVIII, cuando Madrid ya tenía sus bombas.

El número de cántaros que se utilizaban en algunos incendios es un indicio del modo en el que se usaban para apagar los incendios. Estos «extintores» tenían una capacidad de cinco azumbres y un cuartillo, es decir 10,587 litros. El transporte del agua se hacía en estos recipientes de boca estrecha para evitar el derrame del líquido en el viaje, además de ser el formato que estaba establecido, ya fuera en serones con burros o en carretillas de mano, en algunos casos cuatro y en otros dos.

Ya en 1779, el alarife Joseph Díaz, después de asistir a un gravísimo fuego que tuvo lugar en plaza Mayor y que duró nada menos que dos días y tres noches, propuso al Ayuntamiento renovar el sistema de extinción que hasta entonces se había empleado. En una carta dirigida al consistorio sugería usar una máquina (de la que hizo una maqueta de hoja de lata) que consideraba más eficaz que dos mil hombres, ya que con ella se lanzaría el agua a una altura considerable. No hay evidencias de que su propuesta fuese acogida favorablemente, aun cuando los tiempos estaban cambiando y la utilización de cán-

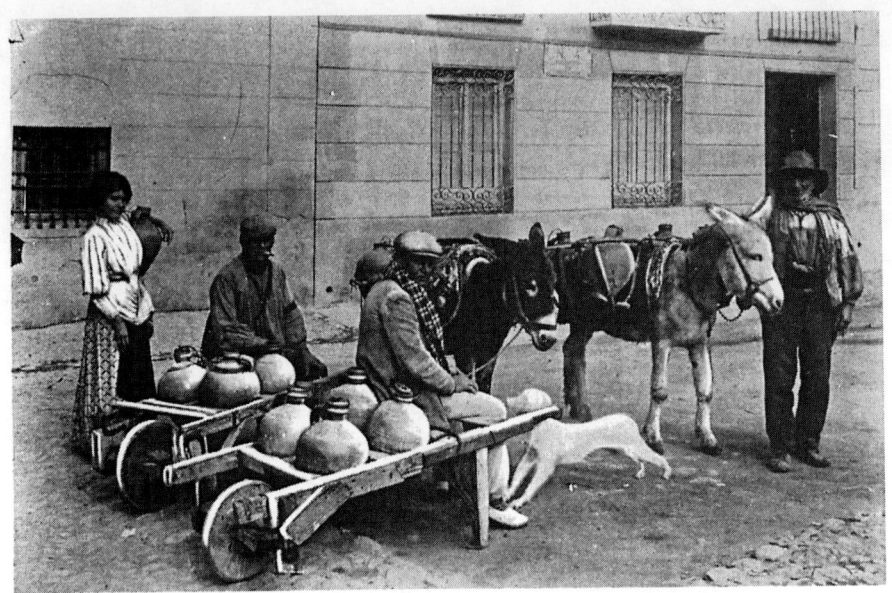

Aguadores o azacanes con sus burros y un perro en la plaza del Padre Juan de Mariana, hacia 1915. (Foto: Toledo Olvidado).

taros en otra cosa que no fuera el trasiego del agua para uso doméstico se demostraba poco eficaz y bastante costoso.

En 1791, el alarife y maestro de obras Ambrosio Clemente modificó la forma de usar el agua en los incendios. Lo que propuso es que los aguadores siguieran echando agua al fuego valiéndose de unas cubas hechas a propósito para ello, colocándolas allí donde se precisaban. Con cubos se podría coger agua y lanzarlo con fuerza a las llamas, con lo que el sistema sería más eficaz y menos costoso.

Entre las herramientas usadas por los matafuegos para la ex-

tinción de incendios sabemos que había picos, azadones, alcotanas, garabatos, cadenas, maromas y aguatochos. Esta última herramienta era poco estimada por el citado alarife, que estimaba que los encargados de manejarlos lo hacían de forma poco profesional y únicamente mojaban a los compañeros de faena, provocando pequeñas disputas. En el informe elaborado por Clemente se señalaban las ventajas de las cubas y los cubos que él aconsejaba usar, en lugar de aguatochos o jeringas, y de cántaros llenos de agua que se ponían en manos de los más experimentados matafuegos, encargados de hacer

Cántaros llenos de agua se ponía en manos de los más experimentados matafuegos que los vaciaban lo más cerca posible de las llamas, incluso arrojando el cántaro directamente sobre ellas.

llegar el líquido, y que los vaciaban lo más cerca posible de las llamas, o incluso arrojando el cántaro lleno de agua directamente sobre ellas.

Analizados con detenimiento los documentos en los que se basa este estudio, se descubren entre ellos papeles escritos y firmados por los alfareros en los que solicitaban que se les pagasen las piezas retiradas de sus talleres o tiendas por los comisarios de fuegos para usarlas contra un incendio concreto. El número de cántaros era, en ocasiones, tan elevado que sugiere con bastante certeza que no volvían a ser llenados por segunda vez, sino que se tiraban al fuego sin más. En ese sentido, el informe que hizo el aludido Ambrosio Clemente reitera la necesidad de seguir sus recomendaciones, pues de lo contrario sería del todo contra-

producente. (Documento nº1 completo, transcrito al final).

En las «facturas» que las tiendas o talleres presentaban al Ayuntamiento para cobrar los recipientes que se habían llevado los comisarios de fuego de las alfarerías, figuran las cantidades que de cada establecimiento exigía después de que se les hubiesen requisado las existencias. En 1607, tras un fuego en la Zapatería, Juan García, Pedro del Pino y otros alfareros recibieron 33 reales por 54 cántaros de los grandes. En 1610 se quemó un horno cerca de la iglesia de San Nicolás y se sacaron 135 cántaros del alfar de Eugenio López. Tras producirse un incendio en la botica que llamaban de los Gigantones en la plaza de Zocodover, se dice: *«Acudimos con mucha cantidad de agua y nos quebraron los cántaros, y trabajamos tres días subiendo agua para apaciguar el fuego».* En este documento se aprecian varios detalles interesantes, como que a los aguadores les pagaban su trabajo y los cántaros que llevaron en su primer viaje, así como los cántaros restantes que se llevaron para terminar de apagar el incendio. (Ver documento nº 2 en su apartado).

El número de cántaros empleados en cada incendio sugiere la for-

Muestras de asas de cántaros con sellos de fabricante. (Museo de Santa Cruz de Toledo).

El número de cántaros empleados en cada incencio sugiere la forma en la que se usaban, ya que se rompían no por falta de cuidado, sino porque intencionadamente se arrojaban al incendio para atacar con más eficacia las llamas.

ma en la que se usaban, ya que se rompían no por falta de cuidado, sino porque intencionadamente se arrojaban al incendio para atacar con más eficacia las llamas y brasas y acabar con ellas.

A Pascual Fernández le tomaron 108 cántaros y le pagaron 40 reales, por lo que cada uno fue valorado en algo más de 12,5 maravedíes. 250 cántaros le cogieron a Hernández de la Cruz de las dos tiendas que tenía, una en la Gallinería y otra en la calle de la Sal, y le pagaron 100 reales, valorándole a 13,6 maravedíes cada uno. En 1735 se incendió la vivienda del alcaide del puente de Alcántara, y entre los gastos que se declararon aparecen los cántaros utilizados y no recuperados. Los 24 cántaros grandes que le tomaron a Ana de la Cruz se pagaron a 17 maravedíes y los 188 que le quitaron a Juan Merino, maestro de alfar de la Puerta Nueva, se pagaron a poco más de 18 maravedíes.

Las ordenanzas que se elaboraron en Toledo a lo largo del tiempo se ocuparon de regular el ejercicio de las tareas que se ejecutaban diariamente y las formas de convivencia entre los vecinos, organizándolas de modo racional. De entre todas las que fueron publicadas reproducimos tres textos, datados a finales del siglo XVI, e incluidos en el libro *Ordenanzas para el buen régimen y gobierno de la muy noble, muy leal e imperial ciudad de Toledo*, publicado por Antonio Martín Gamero en 1858. Se trata de los títulos 24 (sobre los aguadores y azacanes), 28 (de los alfahareros) y 103 (de los oficiales del fuego). Con estos tres textos se entenderá mejor la relación que existía entre los grupos de alfareros, matafuegos y aguadores.

Titulo veinte y cuatro, de los aguadores y azacanes.

«Ytem ordenaron que todos los azacanes que quisieren echar

agua, lo pudiessen y puedan hacer, agora y de aquí adelante, sin pena y sin calunia alguna: con condición que los suso dichos guarden la postura que les fuere hecha por Toledo, so las penas de los que guardan las posturas de los mantenimientos.

»Los aguadores y azacanes, traigan los cántaros de la marca y señal y forma que de yuso dirá, inverbo alfaharero».

Titulo veinte y ocho, de los alfahareros.

La edición de Martín Gamero incluye el texto en el que se indicaba el modo en el que los alfareros debían vender los cántaros. Hay que señalar que en uno de los libros de actas municipales, en la sesión del 31 de marzo de 1563, se escribe en el margen una *Memoria de las marcas que han de echar en los cántaros los alfahareros* (ver cuadro adjunto nº 1). De poca obediencia debió de ser esta ordenanza, pues en distintas fechas se repitió tal mandato, y en septiembre de 1807 se seguían haciendo diligencias de reconocimiento sobre el fielato de las medidas de barro y haciendo inspecciones en los talleres alfares, lo que indica que había una gran anarquía en la cabida de los cántaros para aguadores.

Título ciento y tres, de los oficiales del fuego.

En este caso las ordenanzas cifraban en veintidós el número de los participantes en la extinción de los fuegos, repartidos en cuatro cuadrillas con sus cuatro encargados, si bien el número osciló entre veinte y veinticuatro a lo largo de algún tiempo. Dichas cuadrillas estaban formadas por carpinteros y albañiles, tanto oficiales como maestros, que cobraban estos últimos un 50% más. Así, en 1602, mientras los oficiales recibían 1.000 maravedíes, los maestros cobraban 1.500 por su labor de cuadrilleros, es decir, por ser responsables de las cuadrillas y herramientas. Esta retribución como matafuegos completaba el salario fijo que cada uno tenía en su profesión de albañil o carpintero. Cuando se producía un incendio acudían a apagarlo avisados por las campanadas de las parroquias afectadas.

Los únicos que estaban fijos en la plantilla eran los cuatro maestros nombrados por el Ayuntamiento como personal obligado a acudir a todos los fuegos que ocurriesen.

Para atajar el fuego era preciso derribar entramados y tapiales, por lo que, al igual que al construir, intervenían los dos ofi-

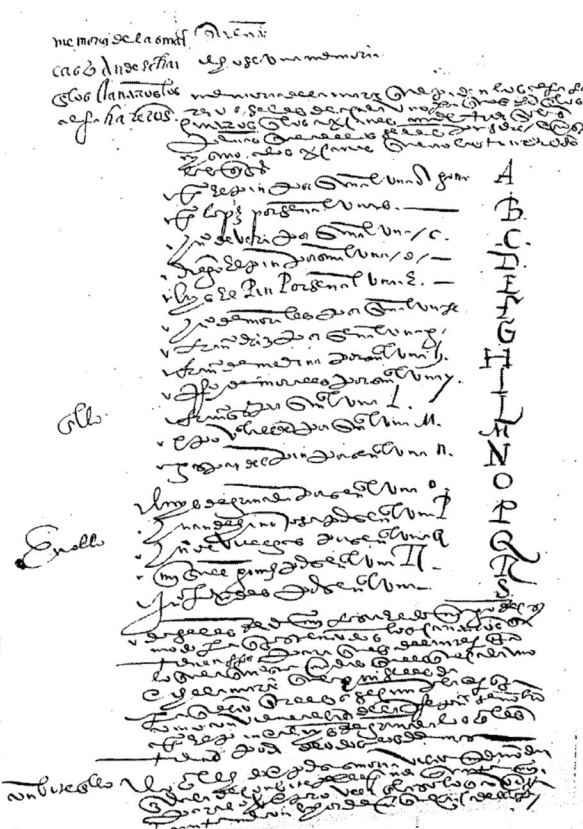

Libro de actas del Ayuntamiento de Toledo, de 31 de marzo de 1563, donde se consignan las marcas que cada uno de los alfareros ha de poner en sus cántaros antes de ɔntregarlos a los azacanes para su uso.

cios. No siempre estaban de acuerdo ambos gremios de carpinteros y albañiles, pues el derribo preventivo de los cortafuegos era desmesurado y los afectados protestaban por el exceso y pedían responsabilidades, de las que no solían hacerse cargo ni unos ni otros en la parte que afectaba a su cometido.

Las cuadrillas se renovaban periódicamente. Cada año, en marzo, se nombraba a los miembros y se solicitaba el pago del año anterior: 24.000 maravedís a repartir, teniendo en cuenta que los cuatro cuadrilleros (los maestros) cobraban 1.500.

Los aguadores debían de tener algún acuerdo anual con el Ayuntamiento para acudir a todos los incendios, pues en los documentos piden el pago por los cántaros que se les rompían, pero no hay evidencias de que se les pagase por el trabajo de los días en los que había fuego. En el documento nº 2, publicado al final,

Cuatro calles

se incluye una frase en la que Ayuntamiento estimaba que no les correspondía nada: «*Por estar obligado a la [necesidad] pública por el útil que / todo el año perciben y lo firmaron*». Mediado el siglo XIX los aguadores aún eran parte integrante de las cuadrillas de bomberos.

Los cuadrilleros organizaban y los oficiales actuaban directamente sobre las llamas. Procuraban hacer su trabajo intentando que su seguridad física e integridad no peligrasen en ningún momento. Sin embargo, no hay duda de que algunos fueron víctimas de los daños colaterales del momento, por lo que, buscando la seguridad a la vez que intentando acabar con el fuego, arrojaban los cántaros a las llamas. Desgraciadamente, esta hipótesis no ha podido probarse con algún documento que certifique tal hecho, el de que se lanzaban los recipientes llenos de agua sobre los incendios.

Un bombero de Toledo. Dibujo publicado en *La Ilustración Española y Americana* con ocasión del incendio del Alcázar en 1887.

Transcripción del documento:

Francisco de Oviedo, carpintero y oficial del /fuego dijo que ya a V. S. es notorio el /fuego que sucedió junto a San Cebrián, /de que se quemaron tres casas, e yo como /tal oficial del fuego asistí en él /y de él salí tan herido e quemado que /hace veinte días que estoy en la cama /y estaré otros muchos; y pues a V. S. /le consta lo que trabajé en ello y ha-/cemos a los que trabajan en semejantes / cosas [le suplico] que para ayuda /a lo [esaltado y salto] se me socorra /con lo que V. S. fuere servido, que /en ello. V. S. me hará muy gran onor.

DOCUMENTOS

Número 1

Digo yo, Ambrosio Clemente, maestro de obras y alarife jurado del Ayuntamiento de esta ciudad, que de orden del Señor Don Gabriel Amando Salido, caballero de la real y distinguida orden española de Carlos tercero y corregidor de ella, ha reconocido todos los preparativos que están existentes en las casas consistoriales para, y en el caso que se incendie cualquier casa, remediar tan grande ruina como es la que experimenta la casa que principia y contiguas; y siendo tan justo el fin a que se dirigen las intenciones de V. S., como es a poner en ejecución, se hagan nuevos cuantos instrumentos sean necesarios y estén dispuestos a cortar los incendios que puedan causarse en esta ciudad, que no deja de ser de las temibles en los casos dichos.

Propongo primeramente que los aguatochos que están en dichas casas consistoriales se hayan desarreglados y, no obstante, que en el concepto de algunos // sean instrumentos muy útiles para obviar no siga el fuego adelante, y con la continuación de éstos y poder apagarle enteramente, tengo por ocioso

hacer el mérito de dichos aguatochos a causa de no conocer beneficio alguno en las aguas que despiden, porque siendo tan diminuto el agujero que cada uno tiene para la salida de ellas, es constante que a llegar el agua a herir a la parte que se dirige va tan extendida [el agua] que no puede hacer efecto alguno en el fuego, por lo que este artificio de los aguatochos, aunque fuere un poco mayores que el hombre tuviese resistencia para obligar a salir el agua con la violencia que la presión de donde se haya a la fuerza de quien le use, fuese capaz de hacerla salir con los grados de fuerza que le corresponde, siempre serían inútiles, y en el día solo podrán servir que los trabajadores viendo los pocos efectos // que hacen, dirijan el agua a los operarios, causando desa-

Tengo ocioso hacer el mérito de dichos aguatochos, porque siendo tan diminuto el agujero que cada uno tiene para la salida de aguas, no puede hacer efecto alguno en el fuego.

Azacán de Toledo hacia 1875. (Colección Luis Alba. Archivo Municipal de Toledo).

zones que en tales ocasiones son muy nocivas.

Las demás herramientas que en las citadas casas consistoriales se me han manifestado son útiles y se componen de cuatro garabatos con cadenas, una alcotana, dos picos. Los garabatos son bastantes y solo necesitan poner sus cáñamos del grueso de una pulgada, de treinta a cuarenta pies de longitud y las varas que los corresponde del mayor largo que se encuentren, de modo que cuando la fuerza del hombre no alcance a poner en el sitio que se desee el garabato, non las dichas varas, se lo-gre la colocación de él. Dichas varas no se han de clavar a los cañones que tienen las cadenas, y sí solo avenirlas a ellos para que, puesto que sea el gancho, se quite la vara y se use el cáñamo para volcar la cosa que se conoce está dispuesta // para ello. Además de las dos hachas, dos alcotanas y dos picos que existen en el Ayuntamiento y en poder de algunos de los veedores, son necesarias diez hachas, ocho alcotanas, seis picos y doce azadones. Los cuatro de estos se harán de modo que las palas sean de cinco dedos de ancho, y a la parte opuesta de la pala se

> **«En los picos y alcotanas no es lo más propio para los incendios que sean pesados como los que existen en el Ayuntamiento, porque es distinto el trabajo en las obras al que se hace en los fuegos».**

dejará un cotillo en especie de martillo de cinco dedos de largo y dos y medio de diámetro. Los demás azadones se harán lo más de ocho dedos de ancho las palas y no muy pesados. Todas estas herramientas se debe poner especial cuidado en el modo de poner los astiles, pues en esto consiste que hagan más o menos pesados a los operarios que las usan. En los picos y alcotanas no es lo más propio para los incendios sean tan pesados como los que existen en dicho Ayuntamiento, porque es // distinto el trabajo en las obras al que se hace en los fuegos, además que siempre es bueno se hagan arreglados o a imitación del hombre, que no siendo todos iguales es constante no todos podrán trabajar con instrumentos que

no sea propio a él, y así se harán solo dichos picos de diez libras de peso (4,50 Kg) cada uno, y las alcotanas a proporción. Es también necesario y preciso la prevención de cuatro cubas que en cada una quepan diez cargas de agua para que, llegado el caso que los aguadores principien acarrear el agua, se experimenta no tener dónde vaciarle. De aquí se sigue que usan de los cántaros de los mismos aguadores y por lo regular no vuelven a su poder la mitad de los cántaros, y aun cuando llegasen, han perdido de hacer otro camino de agua, lo que es en perjuicio grave de la república, cuyos peligros están reme- //diados con las dichas cubas, vaciando en ellas el agua cuantos aguadores vayan llegando.

Dichas cubas deban tener cada una tres aros de hierro y en el de en medio se pondrán dos asas de lo mismo para que con facilidad las puedan llevar al sitio incendiado. Son también de mucha utilidad y precisos tener en depósito con las cubas cincuenta cubos regulares y no cántaros, por dos fines, lo primero que el agua del cubo se [bolea] con mayor velocidad y se coloca donde se quiere, pero el cántaro, aun cuando se mande hacer con la boca ancha, no se puede despedir como con el cubo; el segundo que los cántaros apenas se principien a usar son hechos pedazos, y de consiguiente es dinero perdido, y lo peor es hallarse sin tener en qué conducir el agua a los sitios que corresponde, punto // de bastante consideración.

Las citadas cubas deben estar [empegadas] de [pez] para que en todo tiempo estén corrientes, encargando a los sujetos que se comisionen las tengan con alguna corta parte de agua, y que las registren a menudo. Los cubos se tendrán con arena húmedos, mudándoles al mismo tiempo que registren las cubas, y así se logrará la perfección en estos preparativos que, dispuestos a unos términos dichos y colocados en el sitio a que corresponden, no se puede dudar del remedio de cualquiera incendio con toda brevedad.

No quiero molestar la atención de V. S. en proponer artificios para arrojar el agua desde lejos a causa de que no ignora esta ciudad desproporcionada por la situación de calles tan angostas, que solo permiten usar de las herramientas ya referidas pero, no // obstante, tengo por experiencia que uno de los preparativos más útiles para estos casos sería que se nombrasen dos o cuatro maestros de obras que dirigiesen el modo de cómo se han de hacer las maniobras, sujetando a todos los concurren-

Aguatocho contra incendios del siglo XVI.

Cuatro calles

tes a lo que estos dispusieren, y no que cada uno de los trabajadores tira por su lado y se hace mucho daño a los dueños y habitadores de la casa, porque lo primero se debe hacer en cualquier incendio es reconocerle con ver el principio, ver el rumbo que pueda tomar según la estación del tiempo, y así hecho proceder a disponer y mandar a dichos trabajadores con acierto, y aunque dijo que en tanto que se reconoce se pierde tiempo, se debe tener por expresión irritante por la razón que si se precipitan y trabajan sin conocimiento se puede hacer // mayor el fuego, y entonces son mayores los trabajos que al principio, que se puede remediar, bajo las precauciones correspondientes. Sentado esto, dejo a la prudencia de V. S. verificados estos preparativos si se les encarga a los veedores de los dos gremios, y que cada uno tenga las herramientas que les toque, aun cuando son ocho como han de poder conducirlas al sitio incendiado con la brevedad necesaria sin perjuicio de varios desembolsos, además que con la muchedumbre de trabajadores y otros que solo van a ver si se pierden o quitan alguna herramienta, será del cargo del pobre maestro el pagarla después de hallarse cansado de trabajar, parece es bastante rigor, y podrá ser causa de que alguno se resista hacerse cargo de una cosa que no está en su // mano se pierda, y solo podrá recargársele siempre que en su tiempo no hubiese fuego alguno, pero del otro modo es bastante peso, además que las cubas y cubos no deben estar en poder de los maestros, y sí en una casa en el centro del pueblo, al cuidado de un sujeto o sujetos que estén prontos a abrirla, ésta puede ser carga de los oficiales de más juicio de ambos gremios que se nombren anualmente por los veedores, y de este modo se puede lograr la perfección en esta parte de preparativos.

Por ultimo, Señor, V. S. determinará lo que tenga por conveniente en vista de lo que está expuesto, y lo firmo en Toledo y julio 21 de 1791, AMBROSIO CLEMENTE.

«Lo primero que se debe hacer en cualquier incendio es reconocerle con ver el principio, ver el rumbo que pueda tomar según la estación del tiempo y así hecho proceder a mandar».

1653
Acuerdos y otros autos tocantes al fuego que hubo en la plaza de Çocodover el día 26 de agosto de 1653.
Esta aquí una provisión para gastar 400 ducados para los gastos de los fuegos .
{Cien reales para su trabajo y costa de cántaros y no se les libre mas por estar obligados a la necesidad pública por el útil que todo el año perciben}.
Blas de la Plaza y Fernando Ceses y Pedro de Salas, Juan Martín y demás compañeros aguadores/ de la parte del Barco = Juan de la Fuente Juan Pa-/ lomero, Pedro Hernández y/Juan Díaz y de mas compañeros aguadores del río llano, decimos que para/ el fuego de la botica de Zocodover, por mandado/ de los señores comisarios y otros Regidores,/ acudimos con mucha cantidad de agua y nos/ quebraron los cántaros y trabajamos dos días/ subiendo agua para apaciguar el fuego, / a V. S. pedimos y suplicamos se sirva de / mandar se nos pague por nuestro trabajo / lo que V. S. fuese servido en que recibiré-/ mos merced.
En la Ciudad de Toledo, a quince de septiembre de mil y

seiscientos / y cincuenta y tres años.
Vista esta petición por los señores/ Corregidor , don Francisco de León, Regidor, y Blas [Alonso] de Huer-/ ta, Jurado, comisario de fuego, dijeron que la Ciudad/ por [...] siendo servido mandar pagar a los dichos/ Blas de Plaza y Juan [Celis] y consortes aguadores// cien reales por la ocupación [con y] trabajo que [tuvieron]/ de traer agua para el fuego que hubo en Çocodover por/ estar obligada a la [necesidad] pública por el útil que/ todo el año perciben y lo firmaron.
Pascual Fernández, vecino de esta ciudad,/ tratante en el colegio de santa Catalina,/ digo

que el Señor Don Juan Hurtado, regidor de/este ayuntamiento, me sacó para el incendio de Çoco-/Dover ciento y ocho Cántaros.

A V. S. pido y suplico mande se me pa-/ guen por que soy pobre y [...], en que recivire merced. PASCUAL FERNÁNDEZ.

Hernando de la Cruz, vecino de esta ciudad, al-/ farero de la Puerta Nueva. Digo que el/ Señor Regidor Don Francisco de León, el día del In-/ cendio de Zocodover, bajó al Alfar y fue a las tiendas de la Gallinería y de la Sal/ que son mías, y sus ministros, y por su or-/ den y mandado me sacaron de las dichas/ tres casas doscientos y cincuenta cántaros/ grandes y pequeños para llevar agua/ para apagar el dicho fuego.

A V. S. pido y suplico mande se me/ pague el precio de los dichos doscientos/ y cincuenta cántaros en que reciviere/ merced con justicia, etc.

Ana de la Cruz, vecina de esta Ciudad, digo que/ el Señor corregidor Don Diego de la Cuadra fue/ a mi casa la noche del incendio de Çocodover/ y se llevaron veinte y cuatro cántaros Grandes.

Estos documentos son bastante más extensos. En su momento, cuando me planteé una serie de dudas y de preguntas sobre cómo hacían su trabajo los «bomberos» de aquellos siglos pasados, me sirvieron para determinar con qué maña y de qué manera usaban el volumen encapsulado de agua en un recipiente de alfarería, convertido en bomba destructora contra el fuego, y determiné darle el nombre de extintor de barro.

Escarnios, juegos, villanías y desaposturas en la casa de Dios

Cuentan las crónicas que en 1252 se llevaron a cabo, en la plaza de Zocodover, unos «juegos de escarnio» en los que se ridiculizaba a clérigos y seglares. La broma debió de gustar tanto a muchos que siguió repitiéndose en años sucesivos hasta que, como cabía esperar, esto llegó a su límite cuando el rey Alfonso X, el Sabio, dictó en sus célebres *Siete Partidas*, una prohibición a los bufones de vestir hábitos sacerdotales, de monjes o de monjas, para remedar a los religiosos *«e para facer otros escarnios e juegos con ellos».*

Lo más curioso es que en tales festejos debían de haber toma do parte también algunos clérigos, pues el monarca ordenó que éstos se abstuvieran de hacerlo y se limitaran a la representación de los misterios religiosos en sus iglesias, porque los *«clérigos no deben ser facederos de escarnios, e si otros omes les ficiesen no debían los clérigos ni venir porque facía muchas villanías e desaposturas».*

Se deduce también que aquellas manifestaciones habían encontrado marco dentro incluso de algunos templos, pues expresamente se prohibía este extremo, considerando que la casa de Dios está hecha *«para orar y no para facer escarnios en ella».*

La leyenda de «La cueva de Hércules» según el viajero suizo Ernest Stroehlin

Nota introductoria y traducción de
MARIANO MARTÍN RODRÍGUEZ

Entre las diferentes leyendas que, en conjunto, forman la materia de la «pérdida de España», una de las más atractivas ha sido siempre la de la intrusión del rey don Rodrigo en una construcción (palacio, torre, fortaleza o cueva) atribuida al héroe Hércules, a su paso por Toledo. En vez de obedecer el mandato de aquel fundador griego de marcar su reinado poniendo una nueva cerradura al secreto recinto, don Rodrigo habría forzado su entrada en él. Allí no encontró más tesoro que la imagen de su propia derrota y del final de la monarquía goda. Esta leyenda fue contada por cronistas y escritores tanto cristianos como musulmanes (en este caso, sin Hércules) y llegó incluso a ser el asunto de un cuento de *Las mil y una noches*. Ya en época romántica, cuando los viajeros decimonónicos acudieron a Toledo, varios de ellos la volvieron a narrar como muestra representativa de tradición de la ciudad, empezando por la versión incluida por Téophile Gautier (1811-1872) en el capítulo toledano de su *Voyage en Espagne* (*Viaje por España*, edición definitiva en 1845). Otros viajeros menos conocidos siguieron su ejemplo, entre ellos un teólogo e historiador llamado Ernest Strœlin (1844-1907), profesor universitario en Ginebra. Este presentó el 27 de enero de 1893 en una sociedad geográfica de dicha ciudad suiza una extensa comunicación sobre su viaje a España, la cual vio la luz, con el título de «Souvenirs d'Es-pagne: Séville, Grenade, Cordoue, Tolède, Madrid, L'Escurial, Burgos» (Recuerdos de España: Sevilla, Granada, Córdoba, Toledo, Madrid, El Escorial, Burgos), en las páginas 111-172 del tomo 32, de 1893, de *Le Globe. Revue genevoise de géographie* (*El Globo. Revista Ginebrina de Geografía*). En las páginas 157-164 describió de manera más bien subjetiva los monumentos de Toledo, que para él era una «ciudad muerta» (*ville morte*; p. 64) en la que le parecía dominar «el carácter sombrío y duro de la Edad Media española» (*le caractère sombre et dur du moyen âge espagnol*; p. 63). Por otra parte, lamentó que hubiera perdido la capitalidad del reino: «Si Toledo hubiera conservado su supremacía, España habría conservado una capital marcada por la impronta nacional y asociada a los acontecimientos más nobles de su historia» (*Si Tolède avait gardé sa suprématie, l'Espagne aurait gardé une capitale marquée de l'empreinte nationale et associée aux plus nobles événements de son histoire*; p. 64).

Por interesantes que nos puedan parecer estas observaciones, el viaje a Toledo de Strœlin destaca más bien por incluir su versión de la leyenda de la cueva de Hércules, que separa del texto mismo del libro de viajes al entrecomillarla, de forma que queda marcada así su autonomía como cuento intercalado, que puede leerse en las páginas 157-159. En este relato, que traducimos sobre el texto de la publicación arriba indicada, su autor cuidó meticulosamente su estilo, que sorprende en el original por su sobresaliente pericia retórica. Además, la magistral dosificación de los elementos fabulosos intensifica el atractivo y la amenidad de su narración. Pese a algún descuido histórico (por ejemplo, hablar de Castilla en la época visigoda es claramente un anacronismo), esta versión desconocida y nunca mencionada, que sepamos, por quienes han estudiado la fortuna literaria española e internacional de esta leyenda merece seguramente nuestra atención. Esperamos, pues, que la traducción que sigue sirva para señalar su existencia y valor.

TRADUCCIÓN

Dos ancianos se presentaron en el salón de audiencias reales, ataviados con largas togas y cinturones ornados con los signos del zodíaco:

—Sabe, oh príncipe —exclamaron—, que en los días de antaño, cuando Hércules erigió las columnas del Océano, construyó, al pasar por Toledo, una torre fortificada, sellada mediante un candado mágico, cerrada por una gruesa puerta de hierro guarnecida ella misma de cerraduras de hierro. Cada nuevo rey había de añadir una nueva cerradura, pero ay de aquel de ellos que intentara descubrir el misterio, porque sobre él caería de inmediato la muerte, la locura o el alelamiento. Ahora, oh rey, te pedimos que, siguiendo el ejemplo de tus predecesores, pongas tu sello sobre la puerta encantada.

Don Rodrigo, en vez de satisfacer esta humilde demanda, se sintió inflamado por una malsana curiosidad. Cabalgó con unos jóvenes cortesanos hacia la fortaleza, sin tener ya en cuenta las advertencias de los obispos allegados y de sus consejeros más sabios. Las murallas eran de jaspe y mármol, y las recubrían sutiles enigmas que brillaban al sol. Un estrecho pasadizo tallado en la roca llevaba a la puerta misteriosa, ante la cual estaban los dos viejos mensajeros.

Tras haber girado penosamente las llaves oxidadas y triunfado de todos los secretos que les oponían las cerraduras, don Rodrigo y sus alegres compañeros penetraron en una segunda torre, donde un gigante de bronce blandía una maza para apartar a los indiscretos. Sin embargo, consiguieron escapar a sus golpes, entraron en una cámara enteramente incrustada con piedras preciosas y encontraron sobre una mesa una arquilla en la que podía leerse esta inscripción: «Aquí está depositado el misterio de la torre; solo me puede abrir la mano de un rey, pero que reflexione antes de probar fortuna, ya que aparecerán ante su mirada co-

sas asombrosas que ocurrirán sin falta antes de su muerte».

Don Rodrigo, sin alterarse, abrió la arquilla y sacó de ella un pergamino, en el que estaban representados caballeros de endeble apariencia, armados con arcos y cimitarras. Decía la leyenda: «Ten cuidado con estos hombres, te derribarán de tu trono y subyugarán a tus súbditos», tras lo cual se mostraba un vasto campo de batalla en el que luchaban cristianos y musulmanes. Los primeros no tardaron en flaquear y ser derrotados completamente: el estandarte de la cruz había caído, los invasores pisoteaban la bandera de Castilla. Don Rodrigo se vio a sí mismo entre los que huían, con la espada ceñida y embutido en su armadura real, montado en su caballo favorito. Luego había desaparecido y Orelia, su noble corcel, erraba solo por el campo.

La pequeña cuadrilla, muy asustada por esta negra profecía, retomó el camino del palacio, pero, al atravesar de nuevo el patio, el coloso de bronce estaba volcado y los dos viejos porteros yacían muertos en el suelo. Poco después de salir, el rayo fulminó la torre y sus piedras quedaron hechas trozos y dispersas a los cuatro vientos, mientras que una lluvia de sangre se vertía sobre Toledo.

El desaparecido verraco de Carpio de Tajo

ALEJANDRO VEGA MERINO

Al suroeste de Toledo y pegado al río Tajo, se encontraba el primer asentamiento de un lugar que hoy se conoce como Ronda y en tiempos romanos recibió el nombre de Carpia, convirtiéndose luego en Carpio de Tajo, a 45,6 Km. de Toledo.

Sabemos de la existencia de un verraco o una figura zoomorfa por el trabajo de investigación realizado por José Cuervo en su interesante página web verra cos.com, en la que aparece descrito pero sin fotografía. Al ponerme en contacto telefónico con el ayuntamiento de Carpio, su personal ni siquiera sabía que hubiera existido esta figura, por lo que su escasa bibliografía nos deja una misteriosa huella.

Entre los escritos de Fernando Jiménez de Gregorio hemos consultado *Los pueblos de la provincia de Toledo* (1962), donde cuenta que la extensa zona toledana sobre la vega del río Tajo estuvo habitada hacia el siglo III a. C., por iberos «celtizados» llamados *carpetani*, nombre que les dieron los geógrafos griegos, aunque realmente eran iberos por ser gentes que vivían en esta antigua tierra.

Para corroborar su antigüedad hemos recogido datos de otros investigadors, como Faustino Moreno Villalba, que en su libro *Historia del Carpio de Tajo*, inserto en la colección Temas Toledanos (serie VI, n° 61, de la Diputación Provincial, 1989), donde cuenta: «*Un poco más abajo de Ronda se ubicaba el antiguo poblado ibero de Aebura*», si bien otros estudios dicen pertenecer a Cuerva, la antigua Libora, según Tito Livio y Ptolomeo.

Sobre el lugar se encuentran precisamente los cantos rodados de lo que pudo ser una muralla de aquel tiempo, según Balbino Jiménez Quintas, que dice que pertenecen a la misma plaza ibera. Quizás estos se encuentren en el resto denominado ahora como La Torrecilla, con su arco gótico-mudéjar.

Para Jiménez de Gregorio, Carpio se refiere a una fortaleza o *carpia* al lado del río Tajo, la cual vigilaba su extenso invernadero hacia el sur, repleto de dehesas para descanso de los ganados sobre los fértiles parajes de Ronda y El Soto. Aún quedan allí cordeles denominados como Sendero y Posturas, según observamos en el plano a escala 1:50.000 del Instituto Geográfico Nacional del lugar, número 628.

Territorios cruzados por caminos ancestrales, sendas aprovechadas en tiempos antiguos usadas en invierno por los animales en sus migraciones hacia el suroeste y hombres que los seguían para cazarlos y sustentarse.

Después, en épocas medievales, se convirtieron en caminos trashumantes o cañadas para su provecho, y tras el vadeo del río y contadero, iban de un lado a otro, según las épocas.

Tres de las más importantes cañadas cruzaban de norte a sur la zona toledana. Hoy en día nos referimos a ellas como las vías pecuarias Segoviana o del Reino, y Galiana (de esta sale un desvío más al sur hacia la vía de la Plata) y la Soriana Oriental, más hacia el este.

Sabemos también según las *Relaciones de los Pueblos de España*, mandada hacer por Felipe II sobre el reino de Toledo (Instituto Balmes del Consejo Superior de Investigaciones Científicas, 1951), que los montes cercanos a Ronda y El Carpio eran parajes donde abundaban toda clase de animales y aves, sobre todo, jabalíes.

Por tal motivo, y siguiendo esta pista, al no tener fotografía alguna sobre este suido, dejo por mi parte un hipotético dibujo sobre cómo puso ser el mismo, fijándome en la perfecta talla de la cercana extremadura cacereña, para darnos una ligera idea sobre el mismo.

Generalmente, estos iconos sagrados son más antiguos de lo que parecen. Como suidos, harían su labor de defensa apotropaica en las tierras carpetanas. Posteriormente, algunos se usaron como ídolos fúnebres en tiempos de la romanización, grabando nombres sobre sus graníticas tallas.

La Torrecilla.

NOVEDADES EDITORIALES ▬▬

Julio Porres Martín-Cleto

Toledo en época musulmana
(711-1085)

Historia de
TULAYTULA

Jesús Gallardo Ordoño

EL BESO

Título: *Historia de Tulaytula*.
Autor: Julio Porres
P.V.P.: 15 euros.

Título: *El beso*.
Autor: Jesús Gallardo
P.V.P.: 20 euros.

Santiago **S**astre

*T*OLEDO EN MI MANO
(O VERSOHISTORIA DE TOLEDO)

TOLEDO MÁGICO

COLECCIÓN "CRÓNICAS DEL MISTERIO". NÚMERO 2

🔥 RUTAS DE TOLEDO.

Prólogo de Lorenzo Fernández Bueno

Título: *Toledo en mi mano*.
Autor: Santiago Sastre.
P.V.P.: 12 euros.

Título: *Toledo mágico*.
Autor: VV.AA.
P.V.P.: 10 euros.

BOLETÍN DE SUSCRIPCIÓN

Si está interesado en suscribirse a la revista **Cuatro calles**, por favor, rellene este formulario y háganoslo llegar por correo electrónico a ***info@editorial-ledoria.com*** o por correo postal a ***Editorial Ledoria, calle Fuente del Moro, 6, 45006, Toledo***

Nombre y apellidos / Entidad _____

Dirección _____

Código Postal _____

Localidad _____

Provincia _____

Correo electrónico _____

Teléfono _____

Deseo suscribirme a la revista **Cuatro calles** por un período de (marque con una **X** la opción elegida):

Suscripción 4 números por un total de 22 euros ☐

Números atrasados, 5 euros (indique cuáles) ☐ ☐ ☐

* Los gastos de envío están incluidos

El pago se realizará mediante ingreso o transferencia a la cuenta que le transmitiremos al recibir su solicitud o por Bizum.

En ningún caso se destinarán estos datos a otros fines que no sean los de recibir las publicaciones reseñadas, ni se entregarán a terceros, de acuerdo con los principios de protección de datos de la Ley Orgánica 15/1999 de 13 diciembre, de regulación del tratamiento automatizado de los datos de carácter personal.

Publicación del próximo número: A partir del 1 de septiembre de 2025